図解入門
How-nual
Visual Guide Book

よくわかる 最新

映像サウンド デザインの基本

映像メディアの音づくりが包括的にわかる!

岩宮　眞一郎 著

秀和システム

—オープニング—

　私たちは、映画やテレビなど、映像を用いたエンターテインメントを楽しんでいます。インターネットにおいても、動画が重要なコンテンツとなっています。こういった映像を用いて情報を伝えるメディアを総称して「映像メディア」と言います。映画の発明以降、テレビ、ビデオテープ、DVD、動画サイトなど、映像メディアは多様化し、映像の質も向上してきました。私たちが実際に楽しむ映像コンテンツ（映像作品）の方も、ドラマ、ニュース、ドキュメント、バラエティ、教養等さまざまなものが作られています。

　映像メディアにおいては、主役である「映像」が注目され、脚光を浴びる存在ではありますが、映像メディアは映像だけでは成り立ちません。必ず「音」を伴っています。映像メディアに付加されている音は、映像の世界で表現されている俳優の台詞や環境音だけではありません。映像の世界には存在しない効果音や音楽が付加され、映像表現を補完し、増強します。

　音は、時には映像に寄り添い、時には映像とずれながら、時には映像と対峙しつつ、私たちの心をゆさぶります。音は、ストーリーを語り、リアリティを創出し、映像シーンを強調し、映像作品に命を与えているのです。音は映像作品の出来、不出来を左右する重要な存在なのです。

　本書では、映画やテレビなどの映像作品の中で用いられる台詞、環境音、効果音、音楽などのさまざまな音が果たす役割や機能について、多角的に論じます。本書により、音がいかに映像表現を補完し、強調し、映像に不可欠な存在であるかを理解していただくことができます。本書を読まれたのちに、新たな気持ちで映画やテレビをご覧になってください。インターネットの動画サイトでもいいでしょう。ジャンルや作品は問いません。映像メディアに活かされている音のチカラを実感していただけると思います。本書を読んだ方には、ぜひとも音を聞く楽しみを知っていただきたいと願っています。

2023年　岩宮眞一郎

図解入門 よくわかる
最新 映像サウンドデザインの基本

CONTENTS

—オープニング—...3

第1章 映画で始まった映像メディアとそれを支える音の歴史

1-1　映像作品から聞こえる音..12
　　　──映像作品は音があってこそ作品として成立する

1-2　サイレント映画時代にも音の演出があった.................................15
　　　──弁士や楽士が活躍する活動写真館

1-3　視聴覚融合メディアとしての映画の時代....................................21
　　　──音と映像のシンクロのチカラを活かすトーキー映画

1-4　トーキー映画には映画音楽が欠かせなくなった.........................25
　　　──映画音楽の作曲家が活躍する時代

1-5　映画におけるサウンドデザイン 28
　　　──撮影現場での録音技師たちの奮闘が映画の質を向上させる

1-6　映画の中の音は演出されている 34
　　　──整音処理を経て映画の音の世界は構築される

第2章 映像メディアと映像コンテンツの多様化を支える音の役割

2-1　映像メディアと映像コンテンツの多様化.....................................38
　　　──テレビの登場で映像コンテンツが多様に

2-2　テレビの台頭とさらなる映像メディアの発展.............................42
　　　──映画への一極集中から映像メディアの多極化時代が到来

2-3　コンテンツが多様化したテレビにおけるサウンドデザイン........45
　　　──音のチカラでチャンネルをそのままにキープする

2-4 情報番組やCMも効果音や音楽で支えられている 49
　　——視聴者の興味を引きつけるための効果音や音楽の付加

2-5 映像メディアの高品質化、デジタル化..55
　　——デジタル化しても音の重要性は変わらない

第3章 映像メディアにおける環境音の役割

3-1 映像作品には環境音は欠かせない 58
　　——環境音が映像の世界を拡大した

3-2 映像作品の世界では環境音も演出されている 62
　　——サウンドデザイナーが作りだす魅力的な音の世界

3-3 環境音が物語を語る 65
　　——環境音が手がかりになるサスペンス・ドラマもある

3-4 環境音のサウンドデザイン..72
　　——本物よりリアリティのある環境音を作る

3-5 しずけさの演出、無音のテクニック 80
　　——しずけさを際立たせるサウンドデザイン、素の状態の活用

第4章 映像メディアにおける効果音の役割

4-1 効果音が映像メディアを支える 84
　　——効果音で場面を強調する、動きにリアリティを与える

4-2 効果音が笑いやかわいさを演出する 88
　　——面白コンテンツに欠かせない効果音

4-3 効果音が映像のリアリティを作り出す...91
　　——ピッチの上昇がエネルギレベルの上昇を連想させる

4-4 効果音のサウンドデザインとその変遷...95
　　——ナマオト、ライブラリ、各種機材を駆使して効果音を作る

第5章 映像メディアにおける音楽の役割

5-1 音楽が映像作品を支えている 104
　　——映像作品に音楽の機能的役割を活かす術

5-2 映像作品における音楽のサウンドデザイン 111
　　——映像表現を活かす音楽の組み合わせ方

5-3 映像作品における音楽制作方法 113
　　——音楽はあとから作るのが一般的だが連続ドラマではため録りする

5-4 映像作品の中で挿入歌を活かす 119
　　——歌のチカラで感動を高める

第6章 音と映像の同期の効果：シンクロのチカラを活かす

6-1 映像作品では音と映像の同期の効果が最大限活用されている 126
　　——映像作品を印象的にする音と映像のシンクロのチカラ

6-2 音と映像の同期の効果の適用範囲は広い 130
　　——視覚情報と聴覚情報のシンクロの効果は幅広く利用されている

第7章 音楽が醸し出すさまざまなムードの利用

7-1 音楽が映像作品のムードを作りだす 136
　　——音楽を変えると映像作品のムードが変わる

7-2 映像のムードと音楽のムードを一致させる 140
　　——映像と音楽のムードを合わせると両者は調和する

7-3 映像のムードと音楽のムードをずらせる 143
　　——音楽のムードで展開を予測させ、そして裏切る

7-4 映像のムードと音楽のムードを対立させる：音楽と映像の対位法 145
　　——時には映像と音楽をケンカさせる

7-5 さまざまなジャンルの音楽のムードを活用する 148
　　——映像作品の中では広いジャンルの音楽が受け入れられている

第8章 音楽のシンボリックな意味の利用：定番曲で状況を伝える

8-1 音楽のシンボリックな意味を映像作品に活用する 154
　　──音楽を聞いただけでメッセージが伝わる

8-2 映像作品では歌詞の利用も効果的 158
　　──MAさんはダジャレセンスで勝負する

8-3 映像作品にミュージシャンや俳優のイメージを活用する 162
　　──ミュージシャンや俳優の名前もダジャレに利用する

8-4 音楽のシンボリックな意味はいろんな連想を引き起こす 164
　　──音楽のシンボリックな意味は笑いの素にもなる

第9章 映像作品におけるテーマ曲の役割：盛り上げに大活躍

9-1 映像作品のテーマ曲の起源はオペラのライトモチーフ 168
　　──テーマ曲は「the 映画音楽」、作曲家も力が入る

9-2 映像作品におけるテーマ曲の効果的な使い方 173
　　──テーマ曲で映像作品に感情移入させる

9-3 映像作品のテーマ曲は転用される 177
　　──テーマ曲はパロディにされ、パクられ続ける

9-4 さまざまなテレビ番組でもテーマ曲が用いられている 183
　　──テーマ曲は番組の象徴を越えて地域の象徴にもなる

第10章 映像の世界で流れている音楽：劇中音楽

10-1 映像作品の中で流れている音楽もある 188
　　──劇中音楽とはドラマの中で「意図的に」偶然流れる音楽

10-2 映像作品の中で生演奏が聞こえてくる 192
　　──映像作品の生演奏は劇中音楽と背景音楽を行き来する

10-3 映像作品の中で意図して鳴らされる劇中音楽 198
　　──意図して鳴らす劇中音楽には重要な意味がある

10-4 映像作品の劇中音楽がドラマの中で重要な役割を担う............................203
　　　──劇中音楽が重要なメッセージを伝える

10-5 映像作品の劇中音楽が時代や地域を映し出す..212
　　　──劇中音楽が時間と空間を表現する

第11章　音楽をテーマにしたドラマでの音楽の味わい：音楽の感動が増幅する

11-1 音楽をテーマにしたさまざまなドラマ..216
　　　──音楽を聴かせるための演出を味わいたい

11-2 すごい音楽家のすごさをドラマの中で聴かせる...218
　　　──すごいライバルの演奏もまた聴かせどころ

11-3 音楽家の成長を音楽で聴かせるドラマ..223
　　　──音楽がストーリーを盛り上げ、ストーリーが音楽を盛り上げる

11-4 映像作品の音楽を茶化す...232
　　　──音楽で遊びまくる映像作品

11-5 音楽を聴かせるための映像作品..235
　　　──歌と踊りをたっぷり楽しませてくれる音楽コンテンツ

第12章　音楽づくりは監督と作曲家の共同作業

12-1 映像作品における作曲家の役割..240
　　　──音楽で映像作品を完成させる

12-2 映像作品の音楽の作曲家の生きがいとめざすところ..............................246
　　　──純音楽と映画音楽のはざまで苦悩する音楽家

─エンドロール─ 253
参考文献 254
索引 256

Column♪

ミシェル・シオンの3等分の円モデルの3つの境界 14

マスキング 20

スポーツの世界でもシンクロが命 24

音楽も撮影現場で同時録音 27

音と映像の同期を支えるカチンコ 31

エキストラに紛れて録音 33

VHSの開発を描いた映画 44

《火曜サスペンス劇場》 48

テロップ 54

音の空間性 56

都市の音環境をテーマにした映画 61

音と周波数 71

歳時記に詠み込まれた「しずけさ」 74

真空中では音は伝わらない 79

サウンドデザイナーを主役にしたドキュメンタリ映画 87

バーチャル空間の音環境 90

現実の世界でも効果音が必要になってきた 94

デジタルとアナログ 95

録音テープが音文化を変えた 101

「音＋映像」ではなく「音×映像」か？ 102

使い回される《第三の男》のテーマ 108

音楽と映像を調和させる方法 110

マツケンルンバ 112

番宣でテーマ曲 115

防災無線のメロディが手掛かりに 118

歌手が出演する映画の挿入歌 123

サザンオールスターズで描く若者の物語.................................124

ディズニーは監督と作曲家を一緒に作業させた.................130

音と映像の同期の許容限界...134

繰り返しの効果...138

木村カエラの映像実験室...144

楽器の音色が伝える地域性...152

口ずさむ歌が時の流れの象徴に..157

ユージン・コスマン楽団の『別れのワルツ』.....................161

「枝バウアー」に『誰も寝てはならぬ』..........................163

『ゴッドファーザー愛のテーマ』....................................172

テーマ曲に求められる特性...176

スター死亡のニュース番組でテーマ曲が流れる..................182

《ボルサリーノ（1970）》..186

《知りすぎていた男（1956年）》の暗殺計画.....................191

刑事コロンボがチューバを演奏する.................................197

ミュージシャンの死を伝えるニュースで代表曲を流す..........199

足でピアノを弾く...202

《野良犬》のもう一か所の「音楽と映像の対位法」.............211

映画音楽の作曲家が殺人犯...214

《ONE PIECE FILM RED（2022）》.................................222

音楽で遊んだCM《ムシューダ「音痴な虫」篇》................231

《マイケル・ジャクソン THIS IS IT（2009年）》.............237

トムとジェリーも仲良く音楽でケンカする........................238

緊急地震速報に潜む伊福部昭の音....................................245

映画音楽で純音楽での評価を落としたコンコルド...............250

《羅生門(1950年)》のボレロ...252

第1章

映画で始まった映像メディアとそれを支える音の歴史

　私たちは、映画、テレビ、DVD、さらには動画サイトなどを利用して、さまざまな映像作品を楽しんでいます。そういった映像作品は映像だけでは成立しません。必ず「音」を伴っています。映像に伴う音は、役者の台詞や環境音など、映像に表現された対象から出てくる音だけではありません。映像作品に表現された世界には存在しない効果音や音楽が、映像表現の効果を高めるために用いられています。

　映像メディアの歴史は、音のないサイレント映画から始まりました。しかし、サイレント映画においても、上映される際には、弁士の解説、楽士の演奏などが加えられていました。トーキー映画の時代になり、きめ細かく音を演出することが可能となり、音の役割も多様化してきました。

1-1

映像作品から聞こえる音

映像作品は音があってこそ作品として成立する

　私たちが楽しんでいる映像作品は、映像だけでは成立しません。必ず音を伴っています。映像作品には、台詞や環境音のように映像作品の世界の中の音だけではなく、効果音や音楽などの映像の世界にない音も付加されています。

▶▶ 映像作品の中にある音

　今日、私たちは、映画、テレビ、DVD、さらには動画サイトなどを利用して、さまざまな映像作品を楽しんでいます。そういった**映像作品（映像コンテンツ）**を伝えるメディアを**映像メディア**と総称しますが、映像メディアは映像だけを伝えるわけではありません。必ず「音」を伴っています。テレビを見ているときにボリュームを絞れば、映像作品が音なしでは成立しないことはすぐに実感できるでしょう。

　映像作品の中でドラマが展開されている場合、ドラマを演ずる俳優の**台詞**や足音、ドラマの舞台となっている世界の**環境音**が聞こえるのは当然です。映像作品の中で展開されるドラマは虚構の世界ですが、ドラマに**リアリティ**を与えるためには、現実の世界と同様の音環境が必要なのです。

　しかし、映像作品に加えられている音は、俳優の台詞や足音、環境音などのように映像に表現された対象から出てくる音だけではありません。映像作品の中で表現された世界には存在しない**効果音**や**音楽**が、映像表現の効果を高めるために用いられているのです。ドラマの背景や登場人物の心の声（内声）を語る**ナレーション**も、視聴者には聞こえていても、映像作品の中では聞こえない（はずの）音です。

　映像メディアにおいては、主役である「映像」が注目され、もてはやされていますが、映像メディアは、映像だけでは成立しません。脇役ではあるものの、「音」の働きがあってこそ、映像の機能が発揮でき、その価値を実感させることができるのです。音は、映像作品に意味を付加し、リアリティを作りだし、チカラを与えます。

▶▶ 映像作品から聞こえる音の分類

　映像作品に付加される音はさまざまですが、おおざっぱには、映像の中に表現されている世界に存在する音と、その世界には存在しないが視聴者には聞こえている音に分類されます。作曲家で音楽や映画の評論家のミシェル・シオンはそんな映像作品から聞こえる音を3等分の円モデルで表現しています（図1-1）。

映像作品から聞こえる音の分類（1-1）

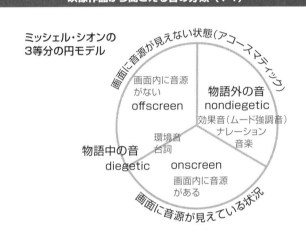

　映像中の世界に存在する音は、**中の音**、**オン（on）の音**、diegetic soundなどと言われます。中の音には、映像の世界の中に音源が存在する場合と、音源が存在しない場合があります。音源が画面（映像の世界）の中に存在する音は**onscreenの音**、存在しない音は**offscreenの音**と呼ばれます。同じ足音でも、映像の世界に登場している人物の足音はonscreenの音ですが、画面に映っていない人物の足音はoffscreenの音ということになります。

　一方、音楽、効果音、ナレーションのように映像の中で構築されている世界には存在しない音は、**外の音**、**オフ（off）の音**、non-diegetic soundなどと呼ばれています。当然、外の音では、画面の中に音源は映っていません。ナレーションは言葉によってドラマの背景や登場人物の心情を具体的に語ります。一方、音楽や効果音は、言葉を使わずに、その場面の状況や登場人物の心情を視聴者に伝え

ています。音楽や効果音は、さらに視聴者がドラマの展開に感情移入しやすい状況を作りだしています。

　さらに、ミッシェル・シオンの**3等分の円モデル**では、音源が画面に映っていない状況を**アコースマティック**（acousmatic または acousmatique）と呼んでいます。non-diegetic sound と「diegetic sound に分類される音のうちのoffscreen の音」が、アコースマティックの状況にある音です。diegetic sound に分類される音のうちのonscreen の音は、音源が画面に映っていますので、アコースマティックの状況にはありません。

COLUMN　ミシェル・シオンの3等分の円モデルの3つの境界

　図1-1に示すミッシェル・シオンの3等分の円モデルにおいては、当然ですが、3つの境界を持つことになります。このうちonscreen とoffscreen の音の境界は行き来しやすく、多くの音が自然に行き来します。例えば、足音はするけど姿は見えない状況から始まり、足音が大きくなり人物が登場するような場面です。この場合には、足音はoffscreen からonscreen の音に変化したのです。

　non-diegetic とonscreen あるいはoffscreen の音の境界を越える音は、音楽が流れてきて背景音楽と思っていたらその場で鳴っているBGMだったとかいった場合が考えられます（詳しくは10章で扱います）。ナレーションをしているナレータが突然登場するというような展開も考えられます。non-diegetic からonscreenへの境界越えは音源がはっきりとしている場合で、offscreenへの境界越えは音源がはっきりしない場合です。non-diegetic からonscreenへ境界を越える場合は（音源が示されるので）そのことがはっきりと分かりますが、non-diegetic からoffscreenへは境界を越えても（音源が不明なので）越えたことはよく分かりません。

1-2

サイレント映画時代にも
音の演出があった

弁士や楽士が活躍する活動写真館

　映像メディアの歴史は音のないサイレント映画から始まりました。しかし、サイレント映画の上演時には、弁士の解説、音楽、効果音などが加わっていました。映像メディアの歴史は付加される音の歴史でもあるのです。

▶▶ 映像メディアの歴史は映画の発明で始まった

　映像メディアの歴史は映画の発明から始まりました。その当時の映画はフィルムに記録された写真を連続的に画面に投影する方式のもので、そこには音は記録されていませんでした。映画では、撮影時に運動する物体を1秒間に24枚（コマ、フレーム等と称します）のペースで写真を連続的に写します。映写時には、フィルムに写った写真を、やはり1秒間に24コマ連続的に前方のスクリーンに投影します。

　フィルムの各コマの一枚一枚は動かない写真なのですが、これを連続的に映し出すと、元の物体の動きが再現されたように見えます。このような現象を心理学の分野では**仮現運動**と呼びます。映画のシステムは、仮現運動の原理を応用した技術なのです。一枚一枚の絵をパラパラめくって動きを感じさせるパラパラマンガも同じ原理です。

　世界初の映画は、1885年にリュミエール兄弟が発明した**シネマトグラフ**（Cinematographe）です（図1-2）。シネマトグラフは1秒間に16コマを映すシステムで、手でフィルムを回す方式でした。リュミエール兄弟が上映したのは《工場の出口》と題された作品で、仕事を終えた労働者たちが工場から出てくる様子を撮影した作品でした。

　映像は白黒で、音は録音されておらず、撮影現場の音は出ていませんでした。この作品は50秒ほどの映像で、単に労働者たちが歩いている様子が主たる対象で、自転車や馬車も混じりますが、対象が動くことを見せる一種の「見世物」でした。その後の映画のようにドラマがあるわけではなく、演出されたものでもありません。

リュミエール兄弟が発明したシネマトグラフ（1-2）

映画の歴史の原点

　見る側も、動画を見ること自体が新鮮な体験だったと思われます。（特に出始めのころの）バーチャル・リアリティや立体映像も、そのリアリティ自体が新鮮だったわけで、最初に映画を見た人もそんな感じだったのでしょう。また、初めて録画できる機材を手に入れたら、とりあえず動きのあるものを撮影してみるというのは、本能的な行動だったのでしょう。

　《工場の出口》には音は入っていないのですが、上映されたときには、ピアノの演奏がされていました。音楽がBGM的に利用されていたようです。音楽が伴うことによって映像を楽しく鑑賞できる効果もさることながら、映像を映し出す映写機のノイズが結構うるさく、音楽演奏によって不快なノイズを聞こえにくく（**マスキング**）することも意図されたようです。

　同時期に、発明王として知られるエジソンも映画の開発に取り組んでいました。

実際、エジソンはシネマトグラフに先行して、**キネトスコープ**（Kinetoscope）を1894年に完成させています。キネトスコープは、通常の映画と同じように、連続写真を記録したロール・フィルムを光源の前でシャッターを切りながら高速移動させて動く映像を作り出す装置でしたが、映写式ではなくのぞき窓で見る方式でした（見方によれば、ヘッドマウント・ディスプレイの先駆けといえるかも知れません）。そのため、キネトスコープを最初の映画とはみなさないのが一般的です。しかし、映画の基本的技術を備えていたと考えられます。

　シネマトグラフで始まった映画は、最初は《工場の出口》のような見世物的な題材からスタートしますが、その後、演出が加味され、ストーリー性のあるものや記録的なものなど、多様な題材を扱うことになります。映画のコンテンツは、いろんな種類のドラマや記録映画、ドキュメンタリなどに広がっていきます。テレビのなかった時代には、ニュース映画も大事な映像コンテンツでした。

▶▶ 音楽や効果音の利用はサイレント映画の時代から

　映画は**サイレント映画**としてスタートしましたが、上映される際には、ピアノなどで演奏された音楽が加えられていました。映画館には、**楽士**と呼ばれる演奏家が常駐していました。

　当然、音楽はスクリーンの中で展開される世界で鳴っているわけではありませんが、場面の状況を語り、登場人物の心情を表現する存在として観客に受け入れられていました。また、オーケストラ編成の楽団が常駐する映画館もあり、音楽は映画の一部としてすでに機能していたのです。

　今から見れば、映画館にオーケストラが常駐して生演奏を聴かせている環境は、ずいぶん贅沢なことのように思えます。映画が多くの観客を集めることができる娯楽だったので、そんなことができたのでしょう。また、指揮者とオーケストラの質が高ければの話ですが、生演奏ですから音質的にも優れたものが提供できていたわけです。特に、トーキー映画が広まり始めた頃の映画の音質よりは、格段に優れていたはずです。

　宮沢賢治の代表作に「セロ弾きのゴーシュ」（図1-3）という童話があります。その冒頭部に「ゴーシュは町の活動写真館でセロを弾く係りでした」と書かれてい

るように、この作品の主人公のゴーシュは、町の活動写真（映画）館でセロ（チェロ）を弾く演奏家でした。童話の主人公の職業に設定されるほど、映画を上映するときに音楽を演奏する演奏家がいることが一般的だったことが分かります。

セロ弾きのゴーシュ（絵本）（1-3）

絵：さとうあや
作：宮沢賢治
刊：ミキハウス

活動写真館の楽士が主人公

　当初は、演奏される楽曲は、スクリーンで展開されるドラマに合わせて演奏者が即興で演奏していましたが、展開されるシーンごとの譜例集なども利用されるようになりました。その後、映画の配給会社が、公開する映画に合わせた楽曲の楽譜を配布するようになり、映画が音楽を含めての作品になっていったのです。

　また、音楽に加えて、音響効果装置も開発され、スクリーン裏でさまざまな効果音を出していました。日本では、歌舞伎で利用されていた効果音を発生させる道具も活用されていたようです。**シアター・オルガン**と呼ばれる大掛かりな楽器（装置）は、それだけで音楽も効果音も出せるようになっていました。

▶▶ 弁士や楽士が活躍していた活動写真館

　日本独自の存在ですが、活動写真館では、**弁士**と呼ばれる解説者が映画の内容のナレーションをしたり、俳優の台詞を喋ったりしていました（図1-4）。売れっ子の弁士は、高額のギャラをもらい、女性にモテモテで、人気の職業でした。そんな弁士にあこがれる少年を描いた映画が《カツベン（2019年）》です。この映画で、弁士や楽士が活躍する当時の映画館（活動写真館）の様子を垣間見ることができます。また、キンチョーのテレビコマーシャル《ゴキブリムエンダー「上を向け」篇》では、香川照之が弁士になり切ってゴキブリ退治のための商品の正しい使い方について熱弁をふるう様子が描かれていて、弁士の雰囲気を感じることができます。ただし、後にトーキーと呼ばれる音も同時に記録できる映画が普及すると、弁士や楽士たちは職を失うことになりました。彼らの中には、ラジオの世界に活路を見出し、そこで人気を得る者もいました。芸人になる者もいたようです。当時は多く存在していたチンドン屋に転職した楽士もいたそうです。

活動写真館で活躍していた弁士（1-4）

　今では映画館に弁士や音楽家が常駐するような状況はなくなりましたが、現在でもサイレント映画の上演に合わせて講演を行う弁士や、即興で演奏を行うピアニストもおられます。柳下美恵さんは、「サイレント映画ピアニスト」として、各地で活動されています。片岡一郎さんは、「活動写真弁士」として、300作を越えるサイレント映画作品の弁士を行ってきました。今どきの映画になじんだ観客にとっては、かえって新鮮な体験を味わえる場になっているようです。こういった活動が広く認知されると、サイレント映画を使ったパフォーマンスも、一種の伝統芸能のような形で今後も継承されるかもしれません。

COLUMN　マスキング

　マスキングとは、ある音が他の音を聞こえなくする、あるいは聞こえにくくする現象のことです。マスキングの効果は、音の周波数帯域の違いにより異なります。同時に鳴っている音の周波数帯域が近くなるほどマスキングの効果は大きくなり、マスクされた側の音はより聞こえにくくなります。また、人間の聴覚の特性の非対称性により、低い周波数側の音が高い周波数側の音をマスクする効果は比較的大きく、高い周波数側の音が低い周波数側の音をマスクする効果は比較的小さくなります。店舗で流れるBGMは、店の雰囲気を作る効果とともに、気になる騒音をマスキングする効果もあります。さらに、BGMは聞かれたくない話をマスキングしてくれて、スピーチ・プライバシーを保護する効果も期待できます。

1-3

視聴覚融合メディアとしての映画の時代

音と映像のシンクロのチカラを活かすトーキー映画

トーキー映画が開発されて、音と映像を組みあわせた総合芸術としての映画の歴史が始まりました。トーキー映画では、精緻にサウンドデザインが行われ、視聴覚融合メディアとしての可能性が追求されてきました。

▶▶ トーキー映画の時代へ

映画に音楽や効果音が付加されて上映されていることが普通の状況ではあったわけですが、生演奏やレコードを用いて映画に合わせる方式では、どうしても音と映像を時間的に合わせる精度に限界がありました。ここで盛り上げたいという時間にうまく演奏が合わなかったり、場面を強調する効果音のタイミングが狂ったりすることもあります。そのような状況では、観客に対して、映像作品の質の保証ができないわけです。映像の方は、監督が完成形としての作品を観客に提供できるのですが、音の方は現場に委ねることになっていたのです。

ドラマの展開に同期して音が再生できるシステムの構築を目指して、**トーキー映画**が開発されました。最初のトーキー映画は、当時すでに実用化されていたレコードを利用して、フィルムの映像と機械的に同期をとって音を再生するシステムでした。音を録音再生する装置としてのレコード機器は、エジソンの円筒レコード（フォノグラフ）が1877年、ベルリナーの円盤レコード（グラモフォン）が1888年に開発され、すでに実用化されていました。円筒レコードと円盤レコードは激しい競争を繰り広げるのですが、結果として円盤レコードの陣営が勝ち残ります。

最初のトーキー映画と言われる《ジャズ・シンガー（1927年）》は、**ヴァイタフォン方式**と呼ばれるフィルムとレコードを同期するシステムを利用して上映されました。この方式を用いて、部分的ではありますが、俳優が台詞を喋り歌う場面が上映されました。こういった歌の場面では、映像と音がきちんと同期していないと、観客はドラマの世界に入り込めません。**同期録音**ができるようになってこういう場

面を映画のコンテンツにすることが可能になったわけです。

　音と映像が同期した形で作品を完成できるようになった状況になって、監督は音と映像を組み合わせた作品として観客に映画を提供できるようになったわけです。サイレント映画時代の監督にとって、それは新たな挑戦でもありました。

▶▶ 初期のトーキー映画では、音を十分に活かすことが難しかった

　その後、フィルムの片隅（**サウンドトラック**）に音も記録できるような方式が開発され、音と映像の同期が正確にとれるような状況が整いました（**図1-5**）。サウンドトラックには、音を光に変換した情報が記録されていました（のちに、テープレコーダのように磁気記録方式になります）。ただし、記録メディアの方で、音と映像の同期がとれる十分な環境が整った状況においても、制作機材や制作スタッフが十分にその環境を活用できる状況になるまでにはもう少し時間を要しました。

フィルムのサウンドトラック（1-5）

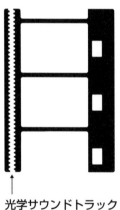

光学サウンドトラック　音の情報を記録

　特に、当時のマイクロホンは感度も悪く、机の上などに設置するタイプのものが主流でした。また映画の撮影などではおなじみの長い竿の先にマイクロホンをつける**マイクブーム**と呼ばれる装置や、**ピンマイク**と呼ばれるピンで留めることのできる小型のマイクロホンなども開発されていませんでした。特定の方向の音の

みを録音できる**超指向性マイクロホン**も、まだ存在していませんでした。

　そのため、ドラマの撮影時に同時に録音を実施しようとすると、俳優の動きが制約され、それまでに培ってきた演出テクニックが利用できませんでした。また、トーキー映画の制作が開始された当時、録音を担当したのはラジオから移ってきた録音技術者が多かったといいます。彼らは録音作業には慣れているものの、音声の聞き取りやすさを優先するあまり、俳優の台詞が平板な声になりがちで感情表現が制約されるきらいがありました。

　そういった事情もあり、喜劇王として知られるチャールズ・チャプリン(図1-6)は、なかなかトーキー映画を受け入れませんでした。音楽、効果音、ナレーションなどは入れても、芝居はほぼサイレント映画といった作品もありました。トーキー映画では、サイレント映画時代に人気を得ていた彼特有のコミカルな動きが制限されるのを嫌ったのでしょう。ただし、チャプリンも1936年以降は、台詞も録音した本格的なトーキー映画を制作するようになりました。

喜劇王チャールズ・チャップリン（1-6）

▶▶ さまざまな種類のトーキー映画における音楽の活用

サイレント映画の時代から、映画を上映するさいに音楽は欠かせない存在でしたが、トーキー映画の時代になって、音楽はより大きな役割を果たすようになりました。トーキー映画では、音楽と映像の時間的関係を細かくコントロールできるので、音楽と映像のアクセントを同期させるなど、音楽と映像を統合的に演出できるようになりました。最初から音楽を入れる前提で制作される映画がある一方、サイレント映画として制作された作品に後から音楽を加えるといった作品もありました。

アニメーション映画でも、トーキー映画が制作されるようになってきました。1928年にアメリカで公開された《蒸気船ウィリー》は、最初の音入り（トーキー）短編アニメーション作品でした。ウォルト・ディズニーは、アニメーションにおける音楽と映像の同期の効果にいち早く着目し、トーキー時代のアニメーションの方向性を確立しました。

また、ミュージカル映画のように歌や踊りをふんだんに含んだ作品も、音楽と映像が同期することでその演出効果が十分に得られます。トーキー映画において、ミュージカル映画が人気のコンテンツになるのは、当然の結果だったと思われます。1952年に公開された《雨に唄えば》というミュージカル映画は、サイレントからトーキー映画に移行する映画業界の中で、ミュージカル映画を制作する様子をコミカルに描いたミュージカル映画で、その当時の映画制作の様子を垣間見ることができます。

COLUMN

スポーツの世界でもシンクロが命

スポーツ競技の中でも、音楽を利用した競技は多くあります。応援やBGMで音楽が利用されるのは多くの競技で行われているのですが、アーティスティックスイミング、フィギュアスケート、新体操、一部の体操競技などでは、競技の中で音楽が利用されています。こういった音楽に合わせて演技を行う競技では、当然、動きが音楽にシンクロしていなければなりません。これらの競技は採点競技ですので、シンクロの度合いが採点にも影響してきます。技を音楽に同期させることで、見栄えをよくして、得点を稼ぐのです。

1-4
トーキー映画には映画音楽が欠かせなくなった

映画音楽の作曲家が活躍する時代

映画音楽の作曲家のマックス・ターナーらの功績により、音楽は映画になくてはならない要素となりました。映画においては、音楽で登場人物の心情を表現し、映像シーンの状況を語ります。

▶▶ 映画音楽が伝えるもの

私たちは、映像作品を視聴するとき、作品を見ながら心の中で物語を組み立てます。映像作品の中で音楽が聞こえてくると、その音楽によってもたらされたムードや情感が映像作品の物語の解釈に影響を及ぼします（詳しくは5章で説明します）。映像メディアで用いられる音楽の機能と適用分野は多岐にわたります。

映像だけでは状況があいまいシーンだと、音楽がその解釈の方向づけをします。状況の明確なシーンだと、音楽はその状況を強調します。シーンとシーンの**つなぎ**に、効果音や短い音楽が用いられることもあります。細切れのシーンを組み合わせて物語の経過を説明するような場合、同一の音楽でバラバラのシーンに統一感を持たせることができます。

音楽の活用は、ドラマだけではありません。ニュース映画や記録映画、ドキュメンタリ映画でも、音楽が加えられています。雰囲気を作りだすのに、効果的だからです。また、現場の音が利用できず、映像のみしかない、映像しか使えない、あるいは写真しか残っていない資料でも、音楽を加えることで、なんとか作品らしく見せることができます。

▶▶ 映画音楽の父マックス・スタイナーの功績

常に映像に寄りそってストーリーを語る音楽ですが、映像作品での音楽の機能活用の導入に大きく貢献したのがマックス・スタイナー（図1-7）です。マックス・スタイナーは、19世紀末のウィーンで音楽を学び、アメリカに移住します。その

ころ、映画の世界では、サイレント映画からトーキー映画への移行期でした。サイレント映画でも上映時には、生演奏やレコードで音楽が利用されていたのですが、トーキー映画では作品制作時に映像表現に合わせた音楽の活用が可能となったのです。映像表現を最大限活かす音楽の利用法を生み出したのが、《風と共に去りぬ（1939年）》《キングコング（1933年）》などの映画音楽の作曲を担当したマックス・スタイナーでした。

映画音楽の父 マックス・スタイナー（1-7）

　トーキー映画の登場は、サイレント映画時代に映画館で演奏していた音楽家の仕事を奪いましたが、別の形で音楽家に新たな仕事をもたらしました。映画のための音楽を作曲する人材が必要なのはもちろんですが、作曲した曲を演奏する音楽家も必要でした。また、ミュージカル映画などでは、歌える俳優も必要とされ

ました。

　スタイナーは、登場人物の心情や場面の状況を音楽で表現する**アンダースコア**（underscore：背景音楽）により、映像で語っていないストーリーを音楽で語る手法を確立しました。スタイナーは、楽譜に台詞を書き入れ、台詞を邪魔せず、心情や情感を際立たせるさまざまな作曲テクニックを駆使したのです。また、登場人物の歩く速度に音楽のテンポを一致させるなど、**映像と音楽のシンクロ**の手法も、効果的に利用しました。

　さらに、スタイナーは、リヒャルト・ワーグナーによって確立されたオペラの**ライトモチーフ**（Leitmotiv）の手法を取り入れ、特定の人物や状況に特有のメロディを用いました。登場人物（人とは限らないのですが）のテーマ曲は、ライトモチーフと同じように、登場場面で繰り返し使うと雰囲気を盛り上げることができます。テーマ曲は、同じメロディを利用しつつも、人物の心情や場面の状況の変化に応じて、さまざまな**アレンジ**が施されます。なお、テーマ曲に関しては、9章で詳しく説明します。

音楽も撮影現場で同時録音

　現在は、映画音楽は撮影現場とは別の場所で録音され、編集時に加えられます。しかし、初期のトーキー映画の時代には、音楽も撮影現場で同時に録音されていました。そんな撮影風景を、活動写真館で売り子をしていたところを映画俳優としてスカウトされた少女（小春）が映画スターへと成長するまでの歩みを描いた《キネマの天地（1986年）》で見ることができます。

　小春が初めて撮影現場に臨んだのが『父何処』という作品で、病室に駆けつけた娘の前で父が臨終を迎える場面で、台詞のない看護婦の役を与えられます。この場面の病室の隣で、楽団がこの場面に付加する背景音楽を演奏しているのです。臨終を告げられる場面の撮影をチェックしている撮影スタッフの合図で、楽団は演奏を開始します。しかし、小春の演技が気に入らなかった監督が撮り直しを命ずると、演奏も中断されてしまいます。楽団はもう一度演奏しなければなりません。

1-5

映画におけるサウンドデザイン

撮影現場での録音技師たちの奮闘が映画の質を向上させる

トーキー映画においては、俳優の台詞や環境音などを録音する必要がありますが、マイクが画面に入り込まないように配慮します。撮影現場での同時録音が難しい場合には、あとから台詞だけを録音することもあります。

▶▶ 映画制作における録音の様子

トーキー映画においては、俳優の台詞や環境音、さらには映像に付加される音楽なども録音する必要があります。録音を担当するのが**録音技師**ですが、撮影現場で録音する際には、数名の**助手**がつきます。録音技師は録音機と小型の**ミキサー**（複数の音間のバランスをとったり音質を加工したりする装置、この装置を扱う人をミキサーと呼ぶこともあります）を操作します。助手はマイクロホン（マイク）のマイクブームの操作やピンマイクの取り付けなどの作業を担当します。マイクは撮影現場の最前線に配置されますが、録音技師は最後尾の方に座っていることになります。録音技師の橋本文雄は、その状況のことを「スタッフより後ろにいて全体を見渡せる位置にいる」と述べています。録音技師は、俳優の台詞が明瞭に録音されているかと同時に、ノイズが入ってこないか等にも気をつけます。時代劇の撮影で、撮影現場を江戸時代風にしつらえていても、そこに飛行機が飛ぶ音が入ってきたら録音された音は使い物にならないからです。録音技師は、現場にいながら絶えず仕上げのことを考えている存在なのです。

ドラマの録音には、芝居をしているときに録音する**同時録音**とあとで台詞だけを録音する**アフレコ**（和製英語のアフター・レコーディングの略称）の方式があります。同時録音で俳優の台詞を録音する場合には、マイクブームと呼ばれる長い竿に取りつけたマイク（図1-8）や、衣類などに見えないように取りつけたピンマイクを利用します。

マイクブームを利用した録音風景 (1-8)

　まわりのノイズに埋もれることなく明瞭に台詞を録音するために**マイクブーム**を利用する場合においては、できるだけ俳優の口元にマイクを近づける必要があります。しかし、同時にマイクが撮影されないようにもしなければなりません。カメラに撮影されない俳優の口元ぎりぎりのところで録音するのがベストなわけです。ブームを操るのが録音助手の仕事で、マイクをつけたマイクブームは結構重たいので、これを水平方向に保つ作業は重労働です。慣れないと、うまく操れません。マイクを近づけ過ぎて撮影範囲に入りこんだり、熱演する女優さんにマイクをぶつけたりして、大目玉を食らう事件は「助手の失敗あるある」です。

　撮影範囲に入らずいい音がとれるマイクポジションを見つけても、マイクブームの影が映るようだと、そこは利用できません。照明さんとも仲良くして、マイクブームの影が見えないように照明との位置関係を調整します。

　ピンマイクの場合には、カメラのことを気にする必要はありませんが、マイクが衣類とこすれるとガサガサというノイズを立てます。そうならないような場所をうまく見つける工夫が必要となります。俳優が裸の場合は、ガムテープで体に貼り付けたりしますが、この場合にはカメラに写らない場所を見つけなければなりません。

▶▶ 現場で録音できなければアフレコで

　スタジオなどでセットを組んで撮影を行う場合には、同時録音を行うことはさほど難しくはありません。しかし、屋外で撮影を行う場合などでは、まわりのノイズがうるさくて同時録音が困難なことがあります。そんな場合は、屋外での撮影後にアフレコで台詞だけを録音して、撮影された映像と組み合わせます。

　低予算で、ロケーションに録音スタッフを同行させられないような場合にも、アフレコは利用されます。成人向けコンテンツの日活ロマンポルノでは、制作費を抑制するために、濡れ場の喘ぎ声までアフレコで録音したそうです。女優さんには、それでもリアリティを感じさせる演技力が必要でした。

　アニメーションの声優や外国映画の**吹き替え**などの録音もアフレコになります。ナレーションの録音も、通常は、映像を撮影した後のアフレコになります。

▶▶ 登場人物の会話も演出されている

　映画の世界では、登場人物が会話をしている場合でも、その場で聞こえる音をそのまま伝えるわけではありません。遠くから、男女が会話しているシーンを撮影する場合、映像はまわりの風景の中で会話している男女を小さく映します。そんなシーンでカメラと同じ位置で会話を録音しても、会話の音声はまわりの環境音に埋もれて、明瞭には聞こえません。しかし、会話の内容がストーリーの展開上重要な場合、会話の内容は視聴者に明瞭に聞こえるようにします。そのために、ワイヤレスマイクやアフレコで、明瞭な声を録音するのです（遠方からの撮影だと、マイクブームは使えません）。

　また、電話で会話する人物に遭遇しても、現実の世界では、その人の話し声しか聞こえません。しかし、それではドラマになりませんから、映像の世界では、相手の話し声も同時に聞かせます（ドラマによっては、あえて相手の声を聞かせない演出もあります）。ただし、電話の話し声であることを示すために、相手の話し声の音質を変化させて電話の音っぽくします。

　このように、会話のシーンでも音は演出され、演出意図に従ってデザインされたものなのです。会話の録音においても、音のデザインに耐えうるクオリティの素材音を得ることが重要です。

▶▶ 環境音や効果音の録音

　ロケーションの場合、台詞以外にも環境音も録音しますが、実際の音環境が作品のイメージと異なる場合、別の音と入れ替えることもあります。その場合、別の時間や別の場所で録音した素材を用いたり、道具を使って音を作ったり（**ナマオト**といいます）、**効果音ライブラリ**を活用したりします。都会の騒音とかをベースノイズとして、雰囲気づくりに用いることもあります。

　最近は、効果音ライブラリも充実しているので、たいがいはライブラリの音で事足りますが、ライブラリの音だけだとベタな感じになりがちです。効果音ライブラリも、SPレコードから始まり、LP、EPなどのレコードや磁気テープで提供されていましたが、その後デジタル化され、CDとして提供されたり、ハードディスクでデータベース化されたり、インターネットを通してダウンロードすることも可能になりました。デジタル化されることで、ノイズも軽減し、音質も向上しました。また、コンピュータの能力が向上すると、コンピュータ内での音の検索や編集・加工が可能となり、効果音ライブラリを効率よく利用できるようになりました。

　道具をつかって効果音を作り出す人たちのことを、**音響デザイナー**（あるいは**サウンドデザイナー**）、**音響効果**とか**フォーリー**（英語のfoley artistに由来）とか称しますが、いろんな道具を駆使して本物らしい音を作り出したり、映像の動

COLUMN　音と映像の同期を支えるカチンコ

　カチンコは、映像作品の撮影に使う道具で、シーン番号、カット番号、テイク数などの撮影情報を書いたボードと、音の鳴る拍子木部分でできています。映像作品の撮影を開始するときに、ボードを映しながら拍子木を鳴らします。「カチンコ」の名前はこの拍子木の音に由来します。トーキー映画の制作が開始された当時、映像と音は別の媒体に記録されていました。後から編集して音と映像を組み合わせたのです。その時に、録音・撮影したカチンコの音と映像が、音と映像の同期をとるタイミングとして利用されました。カチンコの音と映像は、音と映像を同期させる要だったのです。現在は、音と映像は同期して記録されているため、カチンコの音の役割はそれほど重要ではなくなっています。

きに合わせて歩いて足音を録音したりします（図1-9）。英語のfoley artistとい
う言葉は、伝説の音響効果担当者のDonovan Foley（1891-1967）に由来し
ます。foleyという英単語は、試験には出ることのない英単語ですが、英語の映画
のエンドロールには必ず出てくる英単語です（foley artistだけではなく、foley
supervisor、foley mixerといった人たちの表記も見かけます）。

映像に合わせて音を作るfoley artist（1-9）

▶▶ アニメーションの世界の音はすべて作りもの

アニメーションの場合、登場人物の絵を描いても、自分から喋ることはありませんから、声優が台詞を喋ってそれを録音して使用します。また、ドラマの舞台となる背景を描いてもそこから音は出ませんから、環境の音もすべて作りものになります。ライブラリの音で済ますことも多いようですが、ナマオトや類似した場所で録音してきた音を入れることもあります。

アニメーションでは、声優、効果音、音楽などを担当する人たちの仕事をまとめあげる**音響監督**といった人たちも存在します。さらに、**音響プロデューサー**と呼ばれる人もいて、声優、効果音、音楽などを担当する人たちを手配する仕事をしています。声優を選ぶ場合、アニメーションの人物とイメージの合う声質の声優さんを選ぶことが肝心ですが、人物間の区別がしやすいように複数の声優間での声質のバランスをとる必要もあります。

《ハウルの動く城（2004年）》では、城が「ギシ」「ガシ」とかの音を立てながら移動します。その音を作るために、スタジオ内に大工さんを呼んで廃材などを利用して軋みやすい家のようなものを作り、それをゆすって、軋ませたり、動かしたり、壊したりしてリアリティのある音を録音して用いたそうです。ジブリ関係の映画は、音にもそれなりの手間と予算をかけていますね。

COLUMN エキストラに紛れて録音

遠方からの撮影でうまくマイクを隠せるような場所がない場合、マイクを持った録音助手がエキストラになって、俳優の台詞を録音することもあったそうです。ピンマイクが使えず、アフレコが難しい状況での苦肉の策でした。監督も、同時録音を望んだのです。録音助手は、エキストラの一人として目立たないように、マイクとコードは絶対に見えないように注意をしながら、それでも俳優の声ははっきり録音するというミッションが課せられ、苦労したそうです。

1-6

映画の中の音は演出されている

整音処理を経て映画の音の世界は構築される

映画の中にはさまざまな音が入っていますが、環境音や音楽などが流れる中でも俳優の台詞が聞こえるように、調整します。また、そこにはドラマの展開に応じた音の演出が行われています。

▶▶ 仕上げの「整音」が映像作品の出来を決める

映画の中には俳優の台詞、環境音、効果音、音楽、ナレーションなど、さまざまな音が入っています。ドラマなどの場合、大事な台詞が他の音にかき消されて聞こえなくなってしまうと、ストーリーが分からなくなってしまいます。とはいえ、そのシーンに入れた音楽はそのシーンを盛り上げるために十分に聞かせたいという要望もあります。さらには、登場人物の足音で何かを予感させたいとか、波の音で自然の厳しさを表現させたいとか、環境音を際立たせたい場合もあります。「バーン」といった効果音で、登場人物のショックを強調することもあります。

整音と呼ばれるプロセスは、映像に付加する台詞、環境音、効果音、音楽、ナレーションなどさまざまな音の音量や音質のバランスを調整する作業です。整音の作業には、通常、スタジオに設置された**ミキシング・コンソール**と呼ばれる大型のミキサーが利用されます。整音により、すべての音が映像作品の中で、それぞれの役割を果たすように調整するのです。整音の作業が映像作品の出来を決めるといってもいいでしょう。

整音を行う場合には明瞭に台詞が聞こえるように調整することが基本ですが、場合によっては、音楽や環境音で台詞をかき消すような演出がされることもあります。高齢化社会に対処するために75歳以上の高齢者には死を選ぶ権利を与えた世界を描いた《PLAN75（2022年）》で、死を選んだ人の相談相手の仕事をしている女性（成宮瑤子）がたまたま指導役の女性と他のスタッフの会話を聞いてしまう場面でそんな演出がありました。指導役の女性は新人の相談スタッフに仕事の内容を説明し、PLAN75の申込者が途中で気が変わらないように対応するよ

うに指導をしています。その場面で不協和音が繰り返される不快な音楽が流れるのですが、しだいに大きくなって指導役の女性の話し声は聞こえなくなります。瑶子が担当している女性（角谷ミチ）（図1-10）がいよいよ死を迎えるにあたって、自分の仕事の意義に疑問をいだき、そんな話を聞きたくない気持ちを音楽で象徴させたのでしょう。

《PLAN75》の角谷ミチ（倍賞千恵子）（1-10）

2022年6月17日(金)より、新宿ピカデリーほか全国公開

配給：ハピネットファントム・スタジオ

© 2022 『PLAN 75』製作委員会/Urban Factory/Fusee

▶▶ 映像と同じように音も演出されている

　映像作品の中で展開される映像は、現実の世界をそのまま映しとった様なものではありません。さまざまなカットが編集・加工され、別の場所の映像を交互に登場させたり、オーバーラップさせたり、過去と現在、さらには未来を行ったり来たりさせたり、現実とは全く別の虚構の世界を構築しています。映像の世界は作り出された虚構の世界ですから、それにふさわしいように、さまざまな**音の演出**がな

されます。

　阪急今津線沿線の人々を描いた《阪急電車（2011年）》にそんな音の演出が駆使された場面があります。多くの乗客がいる電車中にもかかわらず大声でおしゃべりを続けるおばさんたちに、孫と乗り合わせたお婆さんが注意を与える場面です。お婆さんがおしゃべりを続けるおばさんたちに説教を続ける声が聞こえているのに、車内の様子はスクリーンに示されず、スクリーンは列車が走行する映像だけを映しています。その後、お婆さんがおしゃべりを続けるおばさんたちに説教を続けるシーンの映像に切り替わりますが、今度は説教の声も周りの音も聞こえません。ピアノとストリングスで奏でられる音楽だけが聞こえています。

　スローモーションの映像でも、そのまま音もスローに再生するとは限りません。もちろん、スローに再生して、ピッチの低い音で演出することも可能です。それ以外に、ストーリーを象徴するような音だけを、ピックアップして流したり、印象に残したい音だけにエコーをかけて余韻を残したりといった音の演出がなされています。

　極端なケースとして、音をまったく入れない**素の状態**にするというテクニックも用いられます。直前のシーンが音であふれているような場合には、急激に無音にすることで、静かなシーンで大きな効果音を入れるのと同じようなショックを生み出すことができます。ただし、素の状態は、長く続くと「あれ、機材トラブルかな？」と視聴者を不安にさせる懸念があるので、この手法を使う場合には注意が必要です。

第 **2** 章

映像メディアと映像コンテンツ の多様化を支える音の役割

　映画でスタートした映像メディアですが、テレビが登場して以降、ビデオテープ、DVD、ブルーレイディスク、インターネットを活用した動画サイトなど、さまざまな映像メディアが登場してきました。それに応じて映像コンテンツも多様化します。映像コンテンツの多様化に対応して、利用される効果音や音楽の利用法も多様化しますが、映像を支えるその役割と重要性は変わりません。

　テレビの登場で、映画で始まったドラマ、記録映画、ニュースなどだけでなく、バラエティ、クイズ、グルメ、旅行、教育、教養といったさまざまなジャンルの番組が制作されるようになりました。こういった番組では、スイッチを切られないように、チャンネルはそのままに保つために、「音」でアピールして視聴者に刺激を与え続けるのです。

2-1

映像メディアと映像コンテンツの多様化

テレビの登場で映像コンテンツが多様に

映像メディアの歴史は映画で始まりましたが、テレビが加わって以降、ビデオテープ、DVD、動画サイトとさまざまなメディアが加わりました。それに伴って、バラエティ番組など、映像コンテンツも多様になりました。

▶▶ 映像メディアの発展と多様化

フィルムを用いた映画でスタートした**映像メディア**ですが、テレビが登場して以降、さまざまな映像メディアが参入してきます。それに応じて**映像コンテンツ**も多様化します。映像コンテンツの多様化に対応して、利用される効果音や音楽の利用法も多様化しますが、映像を支えるその役割と重要性は変わりません。

テレビの歴史は、1926年に高柳健次郎（のちにテレビの父と称されます）がテレビ（高柳は**無線遠視法**と呼んでいました）の実用化に成功した時から始まります（図2-1）。1936年には、BBC（イギリス）がテレビの放送を開始します。日

高柳健次郎がブラウン管を用いて受像した「イ」の文字（2-1）

再現した電子表示イの字

テレビの歴史は
ここから始まった

高柳健次郎財団提供

本では、1953年にNHKがテレビ放送を開始しました。これに合わせて、シャープがテレビ受信機の販売を開始しています。

　映画は音のないサイレント映画から始まりましたが、テレビの場合には音と映像が組み合わさった状態で放送がスタートしました。**放送メディア**としてはテレビよりラジオが先行していたので、テレビの存在はラジオの音に映像が加わったメディアとも位置づけられるでしょう。そういった認識の人々も多かったようです。テレビの音は、当初**モノラル**（1チャンネル）でしたが、**ステレオ**（2チャンネル）になり、現在はデジタル化され**5.1チャンネル・サラウンド**の放送も行われています。

　映像が動く原理は、テレビの場合も、映画と同じように仮現運動によるものです。フレーム数（静止画の画面の数）は、**NTSC**（National Television System Committee）と呼ばれるシステムで毎秒30フレーム、**PAL**（Phase Alternating Line）と呼ばれるシステムで毎秒25フレームとなっています。NTSCのシステムは、アメリカや日本などで使われています。ヨーロッパの諸国ではだいたいPALを採用しています。テレビの映像は当初は白黒でしたが、その後カラーになり、現在は映像の情報はデジタル化しています。

　受信機の普及に伴いテレビ関連の産業が発展し、民放（民間放送）も次々と誕生しました。NHKは受信料で運営していますが、民放はCMによる収入で成り立っています。テレビの画面は、当初はブラウン管でしたが液晶が一般的になり、小さかった画面も次第に大型化してきました。しかも、どんどんと薄型化が進行しました。画質も格段に向上してきました。

▶▶ 映像コンテンツの多様化：音楽、効果音の利用も多様に

　テレビの登場で、映像コンテンツも多様化しました。映画で始まった**ドラマ**、**記録映画**、**ニュース**、**ミュージカル**、**オペラ**、**ライブ演奏**などのコンテンツだけでなく、各種の**教養番組**や**バラエティ番組**、さらには視聴者が参加する番組も多く制作されるようになりました。特に、放送メディアとして、「今」を伝える役割は、テレビに課せられた大きな使命といえるでしょう。

　その後も、ビデオテープ、DVD、ブルーレイディスク（BD）といった記録された映像メディア（**パッケージメディア**）の開発が続き、インターネットを活用した

動画サイトなども参入し、映像メディアの多様化はめざましいものがあります。パッケージメディアや動画サイトのコンテンツとしては、映画やテレビ番組を利用したものが多いのですが、オリジナルに制作されたものもあります。映像コンテンツはエンターテインメント用が主流ですが、教育用、記録用、PR用と、用途もさまざまです。また、立体映像もすでに実用化されていますし、多様な試みが行われているバーチャル・リアリティ（VR）のシステムも、映像メディアの一形態と考えられます。

　このような映像メディアの発展とそれに伴う映像コンテンツの多様化は目を見張るものがありますが、映像に付加される音の役割・機能も多様化しています。しかし、音の重要性はいずれのコンテンツにおいても変わることはありません。映像メディアや映像コンテンツは、音が加わることによって成立しているのです。音なしでは、メディアやコンテンツは成立しないのです。

▶▶ テレビの音量は視聴者が決める

　映画の音の音量は、制作者側で設定され、映画館ではその設定を再現するように上演します。そのため、「静かな昼下がり、うたた寝している最中に突然鳴り響きだした雷の音に目を覚ます」といった音量に反映された制作者の意図が、直接観客に伝えられます。

　一方、テレビの場合には、音量は家庭内等（銀行や病院の待合室とかでも）でコントロールされます。家族や近所の人に配慮して、あんまり大きな音は出せないことも多いでしょう。そういった状況では、音量の変化でできる音の演出がある程度限られたものにならざるを得ません。最大音量と最小音量の差（**ダイナミックレンジ**）を広く取るような演出をすると、小さな音が聞こえなくなってしまいます。また、まわりがうるさいような環境でテレビを見ているような場合も、小さい音が聞き取りにくい状況が生じます。

　さらに、一般的な家庭のテレビのスピーカは、映画館に設置されているスピーカに比べて音質が低いものを使っているのが一般的です。特に、画面が液晶になって以降、スクリーンは大型化されたものの、テレビは薄型でかつスクリーンぎりぎりのサイズに抑えることが好まれています。そうなると、スピーカを設置できるス

ペースが限られ、高音質のスピーカを付属することはできません。テレビ担当の音響技術者は、そんな悪条件下でもできるだけいい音を届けようと苦労しています。

　その一方、ホームシアター（図2-2）として音響再生装置に高級オーディオを設置する方々もいます。こういった人たちは、5.1チャンネル・サラウンドシステムを設置し、映画館並みの環境で映像コンテンツを楽しんでいます。5.1チャンネル・サラウンドシステムでは、前方に3チャンネル（左、中央、右）、後方に2チャンネル（左、右）、そして（通常は前方に）超低周波用チャンネル（「.1」はこのチャンネル）のスピーカを配置し、音に包まれたような音場を楽しむことができます。そんな環境を実現するためには、サラウンドシステムを設置できるスペースのある住宅の確保が前提ではありますが。

ホームシアターの例（2-2）

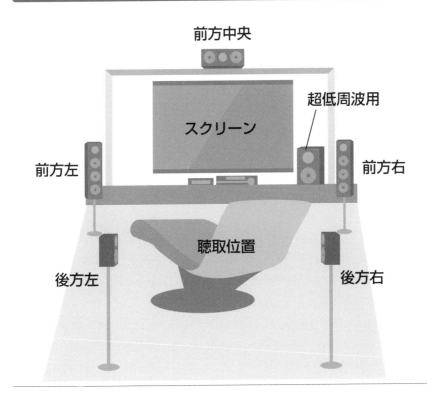

2-2

テレビの台頭とさらなる
映像メディアの発展

映画への一極集中から映像メディアの多極化時代が到来

　テレビが普及し、コンテンツも充実してくると、日常の娯楽が映画からテレビへとシフトしました。さらに、DVDや動画配信サービスなどの普及により、過去の名作も容易に楽しめるようになりました。

▶▶ テレビの普及により映画産業が斜陽化：映画とテレビの対立と共存

　テレビが一般に普及する以前は、庶民にとって、映画は最大の娯楽でした。**映画の黄金時代**（1950年代半ばから1960年台前半あたり）と、後に呼ばれる時代でした。その時期は、戦後の復興期を経て、日本経済の高度成長期に入っていた時期で、映画界も作品を量産し、多くの名作を生み出しました（もちろん駄作と評価される作品もありましたが）。

　しかし、テレビが普及し、コンテンツが充実してくると、日常の娯楽が家庭で楽しめるテレビの方に移っていきました。映画観客動員数も減少傾向をたどり、映画産業が斜陽化していくことになりました。それでも、映画制作サイドはそれまで培った映画文化に誇りがあり（見えもあったのでしょう）、テレビの存在を一段下に見る傾向がありました。

　仕事の内容が共通していたので、仕事の減ってきた映画産業からテレビ業界への移動するドラマなどの制作スタッフも少なくありませんでした。多くの映画俳優がテレビドラマにも出演するようにもなりました。また、テレビのドラマには、映画並みのスケールを志向するものもありました。映画産業が斜陽化したため、撮影スタジオなどの設備も稼働時間が減少していたこともあって、テレビドラマの撮影に活用されていました。そういったスケールの大きなテレビドラマに対しては**テレビ映画**という、言葉も利用されていました（今にして思えば、変な日本語ですが）。

　アメリカでも、**テレフィーチャー（telefeature）**と呼ばれる映画並みのテレビドラマが作られ、若き日のスティーヴン・スピルバーグ監督も《激突！（1971年）》

の制作に取り組んだことで知られています。日本でも2時間ドラマ（火曜サスペンス劇場、土曜ワイド劇場など）として、多くの日本版テレフィーチャーが制作されてきました。

　また、古い映画のコンテンツをテレビで放映するといった、両者の共存関係も成立していました。テレビドラマやアニメがヒットすると、**劇場版**と称する映画を制作するという展開も見られます。その逆に、人気の映画作品がテレビドラマ化するといった例もあります。

▶▶ 映像メディアの多様化は止まらない

　テレビ放送は、開始当初、生放送が原則でした。視聴者側も、当時は録画機器なども利用できず、生放送をリアルタイムで楽しむことが通常でした。当時は、放送局でもまだビデオテープが活用されておらず、録画したものを放送するためには、映画のようにフィルムに録画したものを利用していました。

　その後、ビデオテープが制作側だけでなく、視聴者側でも広く行きわたり、録画されたコンテンツを楽しむことも一般的になってきました。レンタルビデオ屋も人気の商売でした。さらには、テレビも映画もデジタル化し、インターネットの普及と高速化により、動画の配信サービスも普及してきました。

　音と映像のデジタル化は、制作方法にも大きな変化をもたらしました。コンピュータの能力が向上してからは、音と映像のデータをコンピュータで処理することが可能となり、音と映像の時間的な関係をより迅速に精度よく編集できるようになりました。

　テレビも地上波（この言葉は衛星放送などが始まってから使われるようになった言葉です）の放送から、衛星放送、有線放送、インターネットとさまざまなメディア形態で放送されるような状況になっています。ビデオテープ、LD（レーザーディスク）、DVD、BD（ブルーレイディスク）等のパッケージメディアも活用されていますが、最近はインターネットの動画配信に押されているようです。動画配信は**サブスクリプション**（定額制）のサービスをいち早く取り入れました。

　ビデオ、DVD、動画サイトなどでは、映画やテレビで公開されたものを利用するのが通常ですが、「Vシネマ」（図2-3）のようなオリジナルのコンテンツもあり

ます。海外の人気ドラマを独占して、販売あるいは配信というケースも増えています。最近の動画配信サービスでは、オリジナル作品は契約者を引きつける有効なコンテンツにもなっています。動画配信のオリジナル作品は、アカデミー賞の授賞候補にもなっています。

哀川翔が主演したVシネマ《ネオチンピラ・鉄砲玉ぴゅ～》のカバー（2-3）

COLUMN

VHSの開発を描いた映画

　かつては広く普及していたビデオ録画再生機ですが、当初はソニーが開発したベータマックスと日本ビクターが開発したVHSという2つの方式が共存していました。両陣営は激しい競争を繰り広げましたが、最終的にはVHSが勝ち残りました。《陽はまた昇る（2002年》は、日本ビクターの技術者が、予算や人員が十分に与えられない環境下で、苦労を重ねながら家庭用のビデオ録画再生機としてVHSを開発する様子を描いた映画です。

2-3
コンテンツが多様化したテレビにおけるサウンドデザイン

音のチカラでチャンネルをそのままにキープする

テレビでは、バラエティ番組など、さまざまなジャンルの番組が放送されています。バラエティ番組などでは、番組を盛り上げるために、効果音や音楽が利用されています。視聴者を惹きつけるために、音のチカラが欠かせません。

▶▶ テレビの登場で映像コンテンツが多様化

映画においても、映像コンテンツとして、各種のドラマ、ミュージカル、ニュース映画、記録映画、ドキュメント、ライブ等さまざまなジャンルのものが制作されてきましたが、テレビはさらに多くのジャンルのコンテンツを生み出しました。テレビにおける映像コンテンツの多様化に伴い、音の使い方も多様化しています。

テレビでも各種のドラマやニュースは人気のコンテンツですが、これらに加えてバラエティ、クイズ、グルメ、旅行、教育、教養、生活系、健康（医療）系、芸術系、音楽系等、さまざまなジャンルの番組が制作されるようになりました。視聴者が参加するような番組は、テレビの特性を活かしたコンテンツと言えるでしょう。

ただし、いずれのコンテンツにおいても、音の重要性は変わりません。ニュースであるとか、教育番組などでは、アナウンスと現場の音さえあればそれで十分に情報は伝達できます。しかし、テレビでは、すべての場面ではありませんが、効果音や音楽が付加されています。**バラエティ番組**では、より派手な効果音や音楽で番組を盛り上げます。いずれのコンテンツにおいても、音が映像を支えているのです。

映画だと、途中で「つまらない」と思っても、多くの人が最後まで見るでしょう。一方、テレビの場合、「つまらない」と判断すると、ただちにチャンネルを変えられてします。スイッチを切る人もいるでしょう。スイッチを切られたり他のチャンネルに切り替えられたりしないように、効果音と音楽で視聴者が飽きないように刺激を与え続けているのです。

▶▶ テレビドラマにおける環境音、効果音、音楽の役割

　ドラマでの環境音、効果音、音楽の利用は映画からは始まりました。これらの音は、テレビにおいても、シーンを強調したり、登場人物の気持ちを表したり、場面の状況を伝えたりと、さまざまな演出効果を担っています。とりわけ、視聴者を飽きさせず、映像に注意を引きつけ、チャンネルをそのままに保たせる必要のあるテレビでは、効果音や音楽による演出効果は重視されます。

　登場人物の心理的なショックを表すのに、「バーン」という効果音を鳴らします。「ブワーン」といった低音の響きで不安な気持ちを感じ取らせることもできます。見えていない波の音やカモメの鳴き声が、海辺の町の雰囲気を醸し出します。画面に映っていない周囲の環境を表現できるのは、音のチカラによるものです。映像のみでは画面に映っている世界しか表現できません。音楽も、映画のみならず、テレビにおいても、重要な映像作品のアイテムです。シーンに合った音楽で、視聴者の興味を引きつけます。

▶▶ ヒーローの変身シーンは効果音と音楽で盛り上げる

　仮面ライダー（**図2-4**）、ウルトラマン、ゴレンジャーなど、変身して悪の組織や怪獣と戦うヒーローの番組は数多く作られていますが、いずれも**変身シーン**が見どころになっています。さっさと変身した方がすぐに戦いに入れると思うのですが、変身シーンには一定のルーチンがあり、派手な演出が行われています（「その間に相手にやられたらどうするんだ」というツッコミはさておき）。アニメーションのヒーローものも、同様の演出手法を踏襲しています。

　効果音と音楽は、そんな変身シーンを大いに盛り上げます。効果音と音楽がないと、変身シーンはさびしいものです。番組は毎週放送されるので、変身シーンも毎回登場します。効果音と音楽は使いまわしできるので、その分は制作の手を抜くことができます。

　さらに、**必殺技**を出す場合には、印象的な効果音が利用されます。光線技には効果音は必須ですが、パンチやキックの音にも誇張した打撃音が用いられます。なお、効果音の利用手法とその効果に関しては、5章で詳しく述べます。

仮面ライダー V3（2-4）

▶▶ バラエティ番組でも効果音や音楽は重要

　テレビでは、映画以上に多様なプログラムが展開されています。各種の**情報提供番組**やバラエティ番組は、さまざまなジャンルや形態のプログラムが放送され、人気を得ています。お茶の間で楽しむには、ふさわしい内容や雰囲気で提供されるからでしょう。

　こういった番組でも、視聴者に飽きさせずに見せるために数々の工夫が凝らされています。ドラマ同様あるいはそれ以上に、効果音や音楽が番組作りの重要なアイテムになっています。音楽や効果音が、番組に、独特のノリ、テンポの良さ、リズム感を漂わせて、番組構成上、重要な役割を演じています。音楽、効果音なしでは、番組が成立しないのです。

　バラエティ番組や情報提供番組では、コントや再現ドラマが含まれることもあり

ます。コントや再現ドラマの規模は本格的なドラマと比べるとごく小さいものですが、本格的なドラマと同じように（あるいはより誇張されて）効果音や音楽が付加されています。音が、本物のドラマっぽく感じさせる役割を果たしているのです。

　クイズ番組は、クイズとそれに対する解答があれば成立しそうなものですが、それだけでは盛り上がりません。クイズ番組を盛り上げるツールの一つが効果音です。正解だと「ピンポン」、誤答だと「ブー」と効果音を入れます。優勝するなどして賞金を獲得すると盛大にファンファーレを流して、お祝いムードを演出します。こういった効果音や音楽によって、番組を楽しめることができます。

　バラエティ番組などでは**MA**（和製英語Multi-Audioの略称）と呼ばれるスタッフが、映像に音楽や効果音を追加したり、不要な音を排除したりする作業を行っています。彼らは、通常、既存の音楽の中から場面にあった選曲を行ったり、効果音ライブラリなどから場面を印象づける効果音を付加したりしています。スイッチを切られないように、チャンネルはそのままにするために、「音」でアピールして視聴者に刺激を与え続けるのです。

COLUMN　《火曜サスペンス劇場》

　日本版テレフィーチャーともいえる「2時間ドラマ」の代表作に日本テレビ系列の《火曜サスペンス劇場（1981～2005年）》があります。《火曜サスペンス劇場》で放送された多くのドラマは、現在も再放送が何度も流されています。《火曜サスペンス劇場》では、毎週違うドラマが放送されるのですが、毎回ドラマのハイライトシーンとともに「ジャン　ジャン　ジャーン」という特徴的な音楽を鳴らす演出で、視聴者を惹きつけていました。「ジャン　ジャン　ジャーン」は、その後、《火曜サスペンス劇場》のシンボルを越えて、サスペンス・ドラマのシンボル的なメロディになりました。

　また、番組開始当初エンディングで流された『聖母（マドンナ）たちのララバイ』は、当初は発売の予定がなかったにもかかわらず、大ヒットし岩崎宏美の代表曲にもなりました。日本歌謡大賞も受賞しています。岩崎も番組開始当初はその人気を知らず、他人からのその人気を聞かされ、「曲が一人歩きするとは、こうゆうことなのね」との感想を持ったと述べています。

2-4

情報番組やCMも効果音や音楽で支えられている

視聴者の興味を引きつけるための効果音や音楽の付加

ニュース、教養番組、ドキュメントといったジャンルの番組でも効果音や音楽が活用され、番組を支えています。テレビのCMは、効果音や音楽のチカラで、短い時間で視聴者に商品をアピールします。

▶▶ ニュースや教養番組でも効果音や音楽が活用されている

ニュースは日々の出来事を伝えるための番組で、効果音や音楽が必ずしも必要というわけではないのですが、現在のニュース番組は何らかの効果音や音楽が利用されています。

ニュースの中に重要な用語が出てきたときに、**テロップ**と呼ばれる字幕が出てきますが、特に強調したい場合には、その出現時に効果音が付加されます。また、短いニュースを連続して放送する場合、ニュースとニュースの切り替え時に効果音や短い音楽を入れて句読点的なアクセントをつけるといった演出もなされます。ニュースの間に資料映像による説明が入る場合には、音楽が付加されることもあります。ニュースにおいても、効果音や音楽で、番組独特のムードやテンポを作りだしているのです。

教養番組でも、知識を伝えるだけなら、効果音や音楽を加える必要はありません。しかし、ニュースと同じようにテロップを強調したり、項目のつなぎ目に効果音や短い音楽を入れてアクセントを添えたりといった演出がなされています。

エンタメ性の強い科学系の番組では音の演出が不可欠なのは当然ですが、教育テレビの《高校講座》（図2-5）といった「お硬い」**教育番組**においても、音の演出がなされています。例えば、科学的な事象や自然現象などを映像で説明する場合、背景に音楽を流すような演出がされています。映っている対象の動きを強調するために効果音を付加する場合もあります。同じ内容を学校で勉強するときには、効果音や音楽はついていません。勉強のことだけを考えると、無駄な音なのですが、

興味を引きつけるための演出として効果音や音楽が活用されているのです。

NHK Eテレ《高校講座　地学基礎》(2-5)

▶▶ ドキュメント番組を成立させる効果音と音楽

　ドキュメントにも効果音や音楽が付加する演出は、映画しかなかった時代でも行われていました。テレビ番組でも同様に効果音や音楽が付加されています。ドキュメントの場合、対象とすることがらに最初から撮影班がついている、あるいは撮影した映像があるという場合には、映像として成立する素材がそろっています。しかし、製品が売れ出した時点で製品の開発過程などを含むドキュメントを制作しようとする場合などは、開発過程の映像などは残っていないことが多いわけです。

　テレビでは、そんな製品開発のドキュメント制作の企画が結構あります。まだ製品開発に取り組んだ人たちがいる場合は、資料は収集可能で、インタビューは撮影できます。動画はなかったとしても写真ぐらいはあるかもしれません。下手をすると、宴会の集合写真しかないという場合もあるでしょう。場合によっては、再現ドラマを作るようなこともありますが、予算や納期の関係でできない場合もあります。

　テレビでは、映像資料が十分でない場合でも、見せられる番組を制作しなくてはなりません。断片的な写真や製品の設計図とインタビューしかない場合でも、な

んとか番組を成立させてくれるのが効果音や音楽のチカラなのです。動かない写真や設計図面に対してカメラを動かしながら撮影して、そのシーンに音楽を流して、動画風の映像を作れば、なんとか番組は成立します。ナレーションで製品開発の逸話を語る場面では、障害が発生したときや、問題が解決した時には「ドーン」とか「バーン」といった派手な効果音をつけてドラマティックな展開に仕上げます。状況を語るために音楽を駆使するのは、ドラマと変わりません。

▶▶ いろんな情報を提供する番組でも効果音、音楽は欠かせない

　テレビの番組表には、さらに、健康番組、旅番組、グルメ番組、美術系番組など、多様なコンテンツが並んでいます。今後も、世間の動向に合わせて、多種多様の番組コンテンツが登場するでしょう。しかし、これらの番組においても、効果音、音楽を用いた音の演出は欠かせない存在となっています。

　旅番組や**地域紹介番組**では、風景の映像が欠かせません。ドライブ、鉄道、徒歩、自転車など、さまざまな手段で地域をめぐるシーンが利用されます。そんなシーンでは、環境の音とともに、音楽が付加されています。特に、空からの風景を利用する場合、飛行機、ヘリコプター、模型飛行機、ドローンなどで撮影しますが、いずれも飛行音が伴います。風景の映像を流したいとき、飛行音をカットすると無音になってしまいます。そのため、空撮の風景では、無音の状態を埋め合わせるために、音楽は欠かせない存在となっています。

　健康番組では、病に冒されている様子を再現ドラマのような形で紹介するようなコーナーがあります。そんな再現ドラマでは、症状が悪くなる転換点を不気味な効果音で印象づけています。さらに、健康な日の日常には明るく楽しい音楽が付加されていたのですが、病状が進むに従ってだんだんと悲しい響きの音楽となり、取り返しのつかない状態になるときにはホラー映画のような音楽で病気の恐ろしさを訴えます。

　美術系の番組で、絵画の映像とともに、作家の営みや作品の見どころをナレーションで解説する場面があります。内容を伝えるだけなら、ナレーションだけでもよさそうですが、音楽が付加されることが多いようです。もちろんナレーションの邪魔にならず、絵画の雰囲気ともマッチした音楽の選択があってこその音の演出

ではありますが。

　グルメ番組（図2-6）で最も伝えたいのは「味」ですが、映像メディアでは味を伝えることはできません。そのため映像表現に工夫を凝らして、おいしそうに見えるように演出します。そして、そのおいしさのスパイスとして「音」も欠かせません。調理の時点から、肉をジュージュー炒める音、鍋がグツグツと煮える音とかが入ると、それだけで食欲をかき立てます。食べるときの、クチャクチャと咀嚼する音、ズルズルと麺をすする音とかも、おいしさを増大させます。また、レストランや料亭の雰囲気を演出するために、音楽のチカラは欠かせません。ゆったりとしたクラシックの音楽は、高級なレストランの落ち着いた雰囲気を醸し出すのに最適です。お琴のゆったりとした調べは、和食を提供する高級料亭の雰囲気を感じさせてくれます。

　このように、さまざまな情報提供番組においても、番組の雰囲気づくりには、音の演出は欠かせないものとなっています。音がムードを作り、情報を補完し、注意を引き付けているのです。

人気のグルメ番組《孤独のグルメ》（2-6）

▶▶ CMは音楽と効果音で視聴者にアピールする

　民放では番組のプログラム以外にもCM（**コマーシャル・メッセージ**）が流れます。CMでは、15秒、30秒あるいは60秒というごく短時間で商品や企業を強くアピールします。映像表現も凝った演出をするのですが、効果音や音楽も、視聴者の注意を引き付けるために重要な役割を担っています。民放の営業はCMで支えられています。CMのアピール度は放送する企業の経営状況に直結します。CMは短い時間でどれだけ視聴者にアピールできるかが問われるのです。アピールできる時間が短いだけに、音でアピールする効果がより重要になってきます。

　CMで用いられる音楽は、紹介される商品や企業のイメージとマッチすることが望まれます。高級商品や大企業の企業イメージをアピールするCMでは、クラシックなどの荘厳な音楽が流されます。スーパーマーケットや家電量販店のCMでは、軽快なメロディで親しみやすさを強調します。

　薬品の効能やコンピュータのソフトウェアなどのCMでは、宣伝内容を分かりやすく解説するために、アニメーションやCG（**コンピュータ・グラフィックス**）を多用します。こういった人工的な映像はそれだけではどうしても現実感のない映像になりがちで、動きにリアリティがなく、印象に残りません。そのため、効果音を付加して動きにリアリティを与え、印象に残るCMになるような制作をしています。ソフトウェア関係の《SKYSEA Client Viewのテレビコマーシャル 見える化篇》では、オフィスに仮想的なスクリーンが多数登場し、仕事の状況を可視化している様子を示しているのですが、各種の仮想的なスクリーンの登場に合わせて、「ビュー」「シュー」「ブーン」といった効果音が付加されています（図2-7）。このような効果音により、仮想的なスクリーンの登場に「いかにも登場しました」というリアリティが感じられ、コマーシャルの主張が印象的になります。

　また、通信販売を含むもう少し長い時間のCMでは、「今だけ大特価」「半額」「あと30分以内」とかのテロップで視聴者の購買意欲をさらにあおります。こういった印象づけたいテロップが出る際には、派手な効果音を入れて注意を引き付けます。

《SKYSEA Client Viewのテレビコマーシャル　見える化篇》(2-7)

仮想的なスクリーンが多数登場

COLUMN

テロップ

　テロップ (telop) とは、「Television　Opaque　Projector」の略称 (登録商標でもありました) で、本来の意味は、縦10×横12.5 (cm) の黒いテロップ・カード上に表現された白い文字や図形を固定カメラで撮影し、テレビの映像と合成する装置のことでした。その後、各種の色の文字や動きのある文字を直接電子的に合成することもできるようになり、今ではテレビの画面上に合成して表示される文字列のことがテロップと呼ばれています。

　2000年代以降は、デジタル技術の向上により、容易にテロップが作成されるようになり、ニュース、バラエティ、スポーツなど番組のジャンルを問わず、テロップが多用されています。テロップの多用は、音声の聞き取りが困難な聴覚障がい者や高齢者へのサービスにもなっています。それに伴い、効果音の利用も増えてきています。テロップと同様の意味で、**スーパーインポーズ (superimpose)** という用語も使われています。

2-5

映像メディアの高品質化、デジタル化

デジタル化しても音の重要性は変わらない

映像メディアはさらに発展をつづけ、すぐれた画質や音質でコンテンツを楽しめるようになりました。インターネットの世界では、新たな映像文化も生まれています。それでも、効果音や音楽などの音の重要性は変わりません。

▶▶ 映像メディアはさらに多様化

映画に始まった映像メディアは、テレビやビデオテープの登場以降、多様な発展を遂げてきましたが、デジタル技術の発展もあり、さらなる多様化と高度化が進んでいます。

映画も、映画産業の黄金時代は過去のものとなりましたが、映像のクオリティはどんどん向上しています。映画上映館の品質保証（THX）、立体（3D）映像、巨大スクリーンで映像を楽しむIMAX、嗅覚や触覚にも訴える4D映像などがさまざまな映像設備が開発され、それに合わせた映像コンテンツも制作されています。また、多チャンネル音響も進化を遂げ、大音量（爆音）で楽しむプログラムも人気を得ています。

テレビも、地上波、ケーブル、BS、CS、デジタル、4K、8Kとメディア自体が多様化するとともに高品位化も進んでいます。画面も大型化してきました。また、5.1チャンネル・サラウンドなどの、多チャンネル音響も提供されるようになってきました。NHKは、22.2チャンネルという立体音響システムを開発して、**超臨場感**体験を提供しようとしています。

▶▶ ゲームやインターネットの世界でも音の役割は重要

さらに、テレビ・ゲームやオンライン・ゲームといった動画を活用したゲームも、映像メディアの一種と言えるでしょう。ゲームの世界でも、効果音や音楽は広く活用されています。初期のテレビ・ゲームでは、発音数も限られた低音質の音楽し

か提供できない状況でしたが、映像の高品質化とともに高音質化が図られ、映画やテレビ並みの本格的な音楽が付加されるようになりました。ゲーム音楽という分野が、音楽の一分野としても認知されるようにもなりました。

　インターネットの世界ではユーチューブやニコニコ動画といった動画サイトが人気を獲得し、テレビ以上の人気を得ているようなコンテンツも登場してきました。ゲームをやっている様子をインターネットで配信するようなコンテンツも結構人気を得ています。

　最近のテレビはインターネット接続を備えており、テレビで動画サイトを視聴することも可能です。また、テレビ番組の多くがTVerなどの動画配信で視聴できることから、視聴者の側からはテレビと動画サイトの境目もあいまいになってきました。映像表現においては、もともとテレビがインターネットに影響を与えていましたが、「クリックしたら映像が動き出す」といった映像表現のようにテレビがインターネット的（コンピュータ的といった方が妥当ですが）表現を活用している状況にもなりました。

　こういった動画サイトにおいても、効果音や音楽などの音の重要性は変わりません。動画サイトの場合、プロフェッショナルではない人たちによる映像制作も行われていますが、それなりに効果音や音楽を活用し、人気のコンテンツを生み出しています。

音の空間性

　人間には2つの耳がついています。その2つの耳に入る音の時間差と強度差が、水平方向における音の聞こえる方向の手がかりとなります。右耳に入ってくる音の方が左耳に入っている音より強く、早く入ってくれば、右方向から音が聞えてきます。左耳に入ってくる音の方が強く、早く入ってくれば、左方向から音が聞えてきます。また、前から聞こえる音と後ろから聞こえる音の違いも、音の伝達方向に応じた音響特性の変化を感じ取って感知することができます。1つのスピーカでは、そのスピーカからの方向からしか音が聞えません。スピーカの数が2つになれば、音の方向は左右方向に広がります（左右に配置すればですが）。さらに、後方へのスピーカが増えると、音が前後方向にも広がり、音に包まれたような感覚を楽しむことができます。

第3章

映像メディアにおける環境音の役割

　ドラマなどで、映像の中である特定の世界を再現しようとすると、当然その世界にあるべき環境音も再現する必要があります。環境音は、その場所の空間情報、季節感、時代感といったものを伝えるためにも利用されます。SF映画やホラー映画などでは、まったくの架空の環境音をイメージして作る必要もあります。そんな音をいかにもそれらしく工夫して作り出すのが、映像作品のサウンドデザインなのです。

　日常生活では環境音は偶発的に発生している音なのですが、映像の世界では環境音といえども演出の対象になっています。環境の中に存在するさまざまな音が、ドラマの中で重要な役割を演ずることもあります。環境音が主役になることもあるのです。

3-1

映像作品には環境音は欠かせない

環境音が映像の世界を拡大した

　現実の世界には必ず環境音が存在するように、映像の世界でも環境音は欠かせません。スクリーンは目に見える環境の状況しか伝えられませんが、環境音は目に見えない周囲の状況を伝えることができます。

▶▶ 映像メディアにおける環境音の必要性

　ドラマであれ、ドキュメントであれ、映像である特定の世界を再現しようとすると、当然その世界にあるべき**環境音**も再現する必要があります。映像で描く世界をロケーションによる現場撮影で再現する場合、撮影現場で同時に録音した音を映像の映写と同時に再生すれば、その環境世界は再現されたことになります。

　ただし、**アニメーション**などでは、絵を描いただけではその環境の音は出てきません。そこに存在すべき音は、デザインして作り出さなければなりません。アニメーションで表現されたような類似の環境で録音するとか、アイテムごとに録音したり人工的に作り出したり、ライブラリの音を活用して「環境音を合成する」必要があります。

　環境音の合成が行われるのは、アニメーションのような仮想の世界だけとは限りません。現場で撮影と同時に録音した音が、意図した音響世界を描いていない場合、別の音に入れ替えることも珍しくありません。日常生活では環境音は偶発的に発生している音なのですが、映像の世界では環境音といえども演出の対象になっているのです。

▶▶ 環境音と効果音

　映像作品においては、台詞、ナレーション、音楽、環境音、効果音といった音が付加されています。このうち効果音は、映像で表現された世界に存在する音ではありませんが、シーンのムードを表現したり、シーンにアクセントを入れたりするために利用されます。

　そのため、効果音は環境音とは区別すべき存在ではあるのですが、厳密な区別することが難しいため両方を合わせて「効果音」と総称することも一般的です。環境音を加工して効果音を作ったり、道具を使って環境音を作ったりする場合もあります。音楽以外を効果音というカテゴリにまとめている場合でも、楽器を利用して効果音や環境音を作り出すこともあるので、音の分類というのは便宜的なものです。制作スタッフにおいても環境音も効果音も一緒に扱うことが通常で、**音響効果**、**効果マン**等と呼ばれる方が両方の音を扱っています。

　さらには、環境音や効果音が、音楽のようにムードを醸し出すために利用されたり、シーンとシーンのつなぎの役割を果たしたりすることもあるので、機能の境界もあいまいです。また、映像の世界の中に存在する店で流れるBGMは、音楽ではあるのですが、環境音でもあり、両方の機能を果たすこともあります。

▶▶ 環境音は目に見えない空間の情報を伝える

　音には、空間の情報（位置情報）を伝える機能もあります。映像の中で展開されるのが部屋の中のシーンであっても、波の音が聞こえると、建物が海辺に面した場所にあることが分かります。海辺の別荘のシーンであれば、このような環境音は欠かせません。アパートの中で、電車の走行音が聞こえてくるといった環境音の使い方も、ドラマではよくあります。空港で飛行機から降りてタクシーでホテルに向かう場面においては、飛行機の姿は見えませんが、飛行機が発着する音や空港内のアナウンスの音を入れて、空港の雰囲気を醸し出す演出が行われています（図3-1）。

空港のタクシー乗り場（3-1）

飛行機は見えないが，その音は聞こえる

　環境音は季節感や時代感を伝えるためにも利用されます。ホトトギスの鳴き声で春を感じさせ、セミの鳴き声で夏の雰囲気を出すことができます（ただし、ヨーロッパの多くの国のようにセミが鳴かない地域もあるので、この手の音を使うときには視聴者の文化的背景も考える必要があります。実際に、日本映画のセミの鳴き声が、海外でノイズ扱いされたこともあったそうです）。また、物売りの声などを使うことによって、古き良き時代の雰囲気を演出することもできます。

　音ロケといって、撮影のロケーションとは別に、撮影現場とその周辺、あるいは類似の場所などで、録音のみを行うことがあります。音ロケで録音された環境音が、さまざまなシーンの背景音としてうまく機能することもあるからです。例えば、波の音でも、さまざまなパターンの波音を録音しておくと、あとから活用できる選択肢も増えるので重宝します。

　映像に映っていない状況の情報を環境音で伝えることによって、表現された映像空間に奥行きや広がりを与えることができます。サイレント映画では、スクリーンに映った映像の世界しか表現できませんでした。トーキー映画の時代になり、環境音の存在によって映像に映り込んでいない世界も表現することが可能になった

のです。さらに、映画の音響が多チャンネル化することにより、よりリアルな音環境を構築することができるようになりました。

　映像に映った対象の音は当然**diegetic sound**なのですが、映像に映っていなくても周囲の環境の情報を伝える音もdiegetic soundと分類されます（図3-2）。両者の違いを表すために、映像に映った対象の音は**onscreenの音**、映像に映っていなくても周囲の環境の情報を伝える音は**offscreenの音**と区別されます。

映像作品の音の中での環境音の位置づけ（3-2）

画面に音源が見えない状態(アコースマティック)

画面内に音源がない
offscreen

物語外の音
nondiegetic

環境音

diegetic
物語中の音

onscreen
画面内に音源がある

画面に音源が見えている状況

ミッシェル・シオンの3等分の円モデル（図1-1）における環境音の位置づけ

COLUMN　**都市の音環境をテーマにした映画**

　《東京デシベル（2017年）》は「東京の音の地図を作る」ことを目的に東京のいろんな場所で騒音測定をする主人公の男、調律師の女、盗聴をする女（レコーディング・エンジニアでもある）を中心に人間模様が交差する映画です。タイトルの**デシベル**は音の大きさ表す**騒音レベル**の単位で**dB**と表示します。主人公の男は**サウンドレベルメータ（騒音計）**を使って騒音レベルを測定しています。都市の音環境をテーマにした映画と言えるでしょう。現在のサウンドレベルメータは、ほぼデジタル表示になっていて「73 dB」とか表示されるのですが、主人公が使っているサウンドレベルメータは、針の振れでレベルを表示する旧式のものでした。その方が、動きがあって、いい場面が撮れると考えたのでしょう。

3-2
映像作品の世界では環境音も演出されている

サウンドデザイナーが作りだす魅力的な音の世界

　映像作品で描かれた世界は虚構のものです。環境音も演出の対象となっています。ストーリーに必要な音は欠かせませんが、不要な音はカットされます。構成された音の世界の出来は、サウンドデザイナーの腕にかかっています。

▶▶ 映像作品における環境音の演出

　ロケーションで撮影することによってドラマなどの映像作品を制作するとき、撮影現場で録音した音を用いる場合においても、撮影現場で録音した音をすべてそのまま用いるわけではありません。ストーリーに必要な音が欲しい場合、撮影した現場に存在していなくても、他の場所で用意してその音を入れます。逆に、ストーリーに不要な音は、現場に存在した音であっても消去します。映像の世界では、音もドラマの構成要素として、演出の対象とされています。映像の世界の中で聞こえる環境音も、表現された世界にふさわしいように、作り出された存在なのです。ドラマとは虚構の世界を描くものであり、環境音も虚構の世界を構成する一要素なので、演出の対象になるのは当然であるといえるでしょう。ただし、環境自体をテーマとしたドキュメンタリなどでは、環境音に演出を加えてしまうとウソになってしまいます。

　映像作品の撮影では、さまざまな都合によって、ドラマで表現する季節と撮影する季節が合わないことがあります。真夏の屋外での会話シーンを秋に入ってから撮影しても、セミは鳴いていません。そんな場合には、あとでセミの鳴き声を入れて、真夏の雰囲気を演出します。逆に、真夏に冬のシーンを撮影するときは、セミの鳴き声が邪魔になります。なんとか追い払えればいいのですが、追い払いきれない場合はあとで削除するしかありません。

　山の風景が表現されたシーンでは、実際には鳴いてなくても、鳥の鳴き声を入れることがあります。その方が、山深い風景の中で、自然を感じさせることができ

るからです。特に、映像だけでは表現が十分でない場合、音のチカラは欠かせません。ただし、視聴者の中には鳥に詳しい人もいるので、映像で表現された地域や季節を十分に考慮して、そこに存在してもおかしくない種類の鳥の鳴き声にするといった配慮が必要とされます。

　汽車の走行シーンで、汽笛の音を入れるのも、現実感を出すためです。刑事ドラマで捜査のために汽車に乗り込む場面では、場面転換のキッカケとして汽笛の音がよく使われています。

　同じ音が鳴り続く場面では、音にメリハリをつける演出が行われることもあります。例えば、雨が降り続ける場面では、場面の転換に合わせて、大きさやトーンを変えて、時間の経過を表現するのです。

　俳優に主役や脇役といった**序列**があるように、音にも序列があります。アクション映画で、主人公が悪人グループと銃を撃ち合うような場面、主人公の銃の音だけは際だたせる音作りをします。

脚本（ホン）を読み込めば必要な環境音はわかる

　映像作品の中の環境音として、撮影現場の音をそのまま録音して使っても、作品として成立するとは限りません。映像作品のそれぞれのシーンを構成する世界を作りだすには、そこにどんな音が鳴っているのかをイメージしてデザインする必要があります。そのためには、音をつけるシーンの具体的環境、さらにはそのシーンが物語構成上どのような意味を持つのかを明確にしておく必要があります。それが明確になると、そのシーンでどんな音がどんな風に鳴っているのかをイメージし、デザインすることが可能となるのです。

　制作する作品の、**脚本**を読み込んで各シーンの物理的環境、作品の中でのそのシーンの意味を読み解いといておくと、音をデザインするときに役立ちます（図3-3）。「**ホン**（脚本）を読めば、必要な音はわかる」と主張するベテランの録音技師もいます。彼らの頭の中には、脚本の段階で、各シーンの音環境が出来上がっているのです。

脚本の例；《泥の河》の脚本（重森考子）（3-3）

信雄、橋の上から、屋形船を見ながら歩いている。
熱のひいたあとのてれんとした足どり。
信雄、橋のたもとの壊れかけた階段を降りる。
途中で座って、しげしげと船を見ている。
廃船を改造して屋根をつけたものである。
あぶみ〔板の渡し〕が前と後にあり、窓が二つある。
人の気配がまったくせず、信雄は拒絶されたように気おくれる。
バケツを下げた喜一が倉庫脇に現れる。

喜一「あそびに来たんか？」
信雄「〔とりつくろって〕あんなあ、又、あのお化け鯉がいてへんかと思うて――」
喜一「しっ、そんなごっつい声出すな。あれは二人だけの秘密やで」
信雄「ごめん」
信雄、素直に頭を下げる。
喜一の女物の運動グツが破れて親指がのぞいているのを見る。
喜一、信雄の視線に気づいて、親指の出ている足を、もう一方の足の後でこすって、にっこり笑う。

喜一「うち来るか？」
信雄「――」
喜一、乱暴に信雄の手をつかんで細い道を下りる。

「小栗康平，NHK 人間講座 映画を見る眼 映画の文体を考える（日本放送協会出版会，2003）30－31頁」より引用

　作品で描かれたシーンを屋外において同時録音で撮影したような場合、通常は、さまざまな音が混じっています。それらの音をすべて使っても混とんとした状況を生み出すだけです。ストーリーに必要な音、その場の雰囲気を決定づける音は入れなければなりません。しかし、そうでもない音も存在します。たとえ現場に鳴っていた音だとしても、現場のリアリティに影響しない音であれば、省略してもいいのです。省略した方が、描きたい現場の音に近づくこともあるのです。

　映像作品において「音を抜く」「音を省略する」ことも、**音のデザイン**として大事なテクニックとなるのです。腕のいい録音技師、**サウンドデザイナー**は、大胆に音を省略します。

3-3

環境音が物語を語る

環境音が手がかりになるサスペンス・ドラマもある

　環境音は周囲の状況を語るだけの存在ではありません。環境音がストーリーに大きく関わる場合もあるのです。環境音が登場人物の心情を語ることもあります。環境音がドラマの中で重要な役割を演ずることもあります。

▶▶ 演出的環境音：演出効果のある物音、環境音

　映像作品には、登場人物の暮らす空間での生活音、周囲の自然音、街の雑踏などの環境音も多く含まれています。これらの音は、現実の世界でも存在する音です。映像の世界でも存在するのが当然です。しかし、映像の世界の環境音は現実の世界の環境音とは異なり、ストーリー展開の上で重要な意味を担う場合もあります。映像作品には、現実の世界に存在しない効果音や音楽と同様、演出意図に基づいて挿入された環境音（**演出的環境音**）も多く用いられています。

　演出的環境音は、ショックを受けた場面で聞こえる雷の音（心理的ショックを強調する効果音のような役割をします）、口づけをする男女の背景に打ち上がる花火の音（感情の高まりを感じさせます）、主人公が銃撃を受ける直前の鳥の鳴き声や羽ばく音（これから何かが起こるのではないかという予感をさせます）、対峙するシーンでの証拠の音声の入った録音機を踏みつぶす音（心理的ショックを強調します）などのように、物語の世界に実際に存在する音です。これらの演出的環境音が、登場人物の心情を伝え、その場面をより印象的なものにし、場面の盛り上げに寄与するのです。演出的環境音には、公園での会話シーンで聞こえる工事の音、電話をかけるシーンで聞こえてくる自動車のクラクションなどのように、意味深なムードを漂わせる効果のあるものもあります。

　演出的環境音は、一般に、スローモーションやカメラワークなどの映像表現による演出が施された箇所に付加されます。そのため、**エコー**や**残響音**を付加する等の音響処理を行い、その存在を際立たせることにより映像表現の効果と相まって、演出的環境音の効果を高めることができます。

若年性アルツハイマー病にかかったサラリーマンの苦悩を描いた《明日の記憶（2006年）》では、街の雑踏の音で主人公の混乱した状況を表現しています。得意先へ行く途中、主人公は自分がどこに向かったらいいのか分からなくなり、立ち往生してしまいます。そのときの主人公が混乱した心情を、周囲をぐるぐると映す映像表現と、クラクションを鳴らしながら通り過ぎる自動車群の音で表現しています。ぐるぐる回る風景の映像と合わせて、音もぐるぐると回転させて、主人公の混乱した様子を描いているのです。

音で物語を終えるという演出も効果的です。北野武監督の《HANA-BI（1997年）》は、主人公夫婦の自死で物語が終わります。しかし、物語に余韻を与えるために、あえて自死の場面を見せず、美しい海辺の映像と流れるような音楽の中、2発の銃声で夫婦の自殺を告げるのです（ネタばれ、すいません）。イタリア映画《ライフ・イズ・ビューティフル（1999年）》も、状況は違いますが、主人公の死を銃声で告げる点、同じ手法を使っています。あえて視覚に訴えず、音に物語を語らせるこれらの場面においては、音が主役を演じているとも言えます。

北の果ての終着駅に立ち続けた鉄道員の人生を描いた映画《鉄道員（ぽっぽや）（1999年）》では、通奏低音のように汽車の音が作品の中で随所に流れます。特に、汽車の警笛の音は、冒頭と最後に鳴らすなど、物語を象徴する音として描かれています。亡くなった主人公を汽車で運ぶ最後の場面で、運転士の「オヤジさん、キハ（キハ12型気動車）の笛は胸の底までしみるでしょう」の台詞のあとに鳴り響くエコーを効かせた警笛の音は、特に印象的です。この映画の録音技師を担当した紅谷愃一は、残り少なくなった蒸気機関車の汽笛の音や走行音を録音するために、各地で録音を行いました。鉄道マニア（鉄チャン）のような人たちは、蒸気機関車の音に敏感です。こういったマニアックな人が存在するような乗り物などの音に対しては、嘘はつけません。本物の音が必要とされるのです。

▶▶ 環境音が物語に絡む

環境の中に存在するさまざまな音が、ドラマの中で重要な役割を演ずることもあります。例えば、サスペンス・ドラマで音が手がかりになって事件が解決するといった展開などがあげられます。科捜研が**音響分析**で事件を解決するといったド

ラマもたくさんみられます（そのとき語られる「科学的？」説明はちょっと怪しいことも結構ありますが）。音が物語のなかで重要な役割を演ずる場合、「音」が主役になってドラマが進行することもあります。

テレビドラマの《豊後一子相伝殺人事件（1999年）》では、小鹿田皿山の唐臼が殺人事件のカギとなります。小鹿田皿山の唐臼は、川の流れを利用して小鹿田焼に使う土の元になる陶土を砕くための木製の装置で、その「ギー ゴトン」という音は残したい日本の音風景100選にも選出されています（図3-4）。殺害に使った石を唐臼で砕いて証拠の隠滅を図ったという物語です。ドラマの冒頭から、小鹿田皿山の唐臼の音をたっぷりと聞かせてくれる演出となっています。

小鹿田皿山の唐臼（大分県日田市）（3-4）

水の力で陶土を砕く

テレビドラマの《遺留捜査 第1話「玩具のピアノと乱れた足音（2011年）」》では、日本音響研究所が登場し、犯行現場に残されたICレコーダに録音されたデータを分析します。犯人逮捕に至るカギは、消去されたデータにありました。決め手となったのは、復元されたデータからの足音の分析結果でした。「ICレコーダに残されていた靴音は、体重65kg前後で、ハイヒール着用による歩行に不慣れな人物」で

第3章 映像メディアにおける環境音の役割

あるという鑑定結果から、犯人を突き止めます（足音からどの程度の精度で体重が推定できるのかに関しては、少し疑問は残りますが）。また、消去データから復元されたピアノの演奏がICレコーダに残されていたピアノ演奏と異なることから、殺害された音楽家に対して犯人の方が音楽家として優れていることを誇示するためにピアノ演奏を残したことを突き止めます。

　テレビドラマ《音の犯罪捜査官 響奈津子》では、警視庁科学捜査研究所音声分析課で音響分析を担当する響奈津子が主役となっています。第5作『誤認（2002年）』ではバスジャックが発生するのですが、カーテンによって中の様子が分かりません。そんな状況で、響奈津子がデジタル時計の電子音、ジッパーの音、せき、足音などの音の情報から、犯人の歩き回る範囲、人質の座っている位置などを探り当てます。バスの中の音が捉えられても、窓が閉まっている状態の外部から音源の位置までの特定することは難しいのですが、「そんなことができたらすごい」と思わせる演出です。

　テレビドラマ《科捜研の女》でも、音響分析がストーリーに絡むことがあります。シーズン19の第9話『京都爆弾観光ツアー（2019年）』では、**サウンド・スペクトログラム**に込められたメッセージによって、京都府警の科捜研は失踪した音響学者・尾藤奏吾の死体を探り当てます。サウンド・スペクトログラムというのは、音の物理的特性を、横軸を時間の経過、縦軸を周波数にとり、音の強さを線の色や濃さで表現する音響分析の手法です。このドラマでは、爆破予告とともに「HIROSAWANOIKE」の文字（図3-5）や嵐山竹林の写真の情報をサウンド・スペクトログラム上に表し、それを音に変換したものが京都観光サウンドAR（拡張現実）スポットに送り付けられます。その音を科捜研が音響分析して、尾藤奏吾の死体が埋められた場所を探り当てるのです。実は、爆弾予告はカモフラージュで、失踪した尾藤奏吾を慕う助手の木内鳴実が科捜研を利用していたのです。彼女は、サウンド・スペクトログラムにメッセージを込めた音を利用して、尾藤奏吾の行方を警察に捜査させたのです。サウンド・スペクトログラムという音響の専門的な特性を扱い、それをうまく事件の手掛かりと関連づけ、ストーリーに活かしています。

文字を埋め込んだサウンド・スペクトログラム（3-5）

↑周波数

時間→

分かりやすくするためにイメージ化したもの

　環境音が物語に隠された秘密の伏線になっている場合もあります。《化粧師（2002年）》では、主人公の耳が聞こえないことが、物語のクライマックスで告げられますが、そのことをいくつかの物音が予感させます。主人公が決して電話には出ないことを友人の床屋が告げるシーン、主人公に思いを寄せている近所の飯屋の娘が持ってきた天丼を床に落としても気づかないシーン、花火が始まっても飯屋で黙々と食事を続けるシーン、警察に呼び止められても無視して立ち去ろうとするシーンなどです。飯屋の娘は、事実を告げる役割を担っているのですが、その場面になって、それぞれの音が語っていたものに気づかされます。

▶▶ 視点（聴点）の違いを環境音で表す

　映像の世界は、通常は、描かれた世界を見ている視聴者の視点で描かれています。したがって、音の世界も視聴者の視点（「**聴点**」というべきかも知れません）で描かれたものです。しかし、時には、登場人物の視点に立って表現された音環境を描くこともあります。また、視点が別の人物に変化すると、それに従って音環境も変化させて、視点の違いを表現するような手法もよく用いられます。

　《裏窓（1954年）》は、足のケガで身動きの取れないカメラマンが自室の裏窓

からの観察で殺人犯を突き止めるサスペンスです。この映画では、カメラマンの部屋の裏窓から見える向かいのアパートに住む人々を描く場面で、視点の変化に寄り添った音環境が描かれています。通常、音環境は視点が変わっても変化しませんが、この映画では描く視点が移動するのに従って、猫の鳴き声、ラジオの音、目覚まし時計の音などがフォーカスされます。環境音の方からも、裏窓から多様な情報が得られることを描いているのです。

《卒業（1967年）》に、21歳の誕生日に主人公が父からのプレゼントの潜水服を着せられて、プールに飛び込む場面があります。途中までは、その様子を見ている視点の映像で、音環境も室内からプールに向かう場面のもので、その様子を紹介する父の話し声や足ヒレ（フィン）で歩く足音が聞こえます。ところが、途中から主人公の視点に切り替わり、水中眼鏡越しのプールサイドの人々の姿が映し出され、父の話しかける様子は見えますが声は聞こえず（潜水服で音が遮られているようです）、酸素ボンベを使った主人公の呼吸音だけが聞こえます。そして、主人公がプールに飛び込むと、「バシャン」という飛び込む水音とともに、水中からの眺めになり「ゴボゴボ」といった水中音が響きわたります。映像は、水中の潜水服を着た主人公に変化しますが、音は水中音から、次のシーンの電話での会話に変化します。

▶▶ 聴覚の違いを音で表す

《バベル（2006年）》は、一つの銃での事件をめぐるモロッコ、アメリカ・メキシコ、日本での一見関係しそうにない人たちのドラマですが、日本の場面では耳の聞こえない女子高生が登場します。その女子高生が仲間とクラブで踊る場面があるのですが、その場面は基本的には大音量の音楽が流れています。しかし、時折、女子高校生の立場になり、まったくの無音になるような音の演出がなされています。音の洪水と無音の対比で、そこにいる健常者と聴覚障がい者の立場の違いを表現しているのです。

犬笛が聞こえる少女が誘拐され犬笛で救われるという、西村寿行の小説『犬笛』を原作にした《西村寿行の日本縦断サスペンス 犬笛（2002年）》では、犬笛の音が重要な役割を演じています。人間の可聴範囲が20〜2万ヘルツ程度である

のに対して、犬の可聴範囲は65から5万ヘルツ程度だと言われています。犬の訓練用に利用する犬笛は1.6〜2万ヘルツの周波数を使います。実際は、若い人にはある程度犬笛の音を聞こえるのですが（年を取ると高い周波数の音が聞こえなくなるので、高齢者には聞こえませんが）、このドラマでは少女にしか聞こえないような設定にしています。

　少女がコウモリの発する超音波が聞こえる能力を持つことを不思議に思った母親は聴力検査を受けさせ、彼女が5万ヘルツまで聞こえる聴覚をもっていることを知ります（聴力検査をした医者が「虫の鳴き声じゃなく話し声まで聞こえているでしょうね」と語るのは非科学的ですが）。その少女が誘拐されるのですが、飼い犬の訓練用に持っていた犬笛を使って飼い犬に自分の居所を知らせ、また母親も犬笛で少女に自分が救助に向かっていることを知らせるなど、犬笛を通信手段にして少女は無事に母親と再会することができるのです。ドラマでは何度も犬笛を吹くシーンがあるのですが、大人視点（聴点というべきですが）のシーンでは無音に、少女（および犬）視点（聴点）のシーンでは犬笛の音が聞こえます。犬笛としては、テレビで見ている中年以上の視聴者にも十分に聞こえるように、5千〜1万ヘルツの音を出しています。

COLUMN　音と周波数

　音というのは、空気の圧力の急激な変化により生じます。周期的に圧力が変化する音からは、一定のピッチ（音高）が感じられます。楽器の音とか人間の声は、周期的に圧力が変化する音です。そして、1秒間に繰り返す圧力の周期的な変化の回数を**周波数**と呼びます。周波数の単位は**Hz**で、「ヘルツ」と読みます。100 Hzの音は、ある圧力変化のパターン（**波形**）を1秒間に100回繰り返します。**正弦波**と呼ばれる滑らかな形状をした波の音の場合、人間が聞こえる可聴範囲は20から20,000 Hz程度だと言われています。ただし、年をとると高い周波数の音が聞こえにくくなります。高齢者の多くは10,000 Hzを超えるような周波数の音は聞こえなくなっています。

3-4

環境音のサウンドデザイン

本物よりリアリティのある環境音を作る

　映像作品では、本物の環境音よりリアリティのある環境音が必要とされます。そのため、さまざまな道具を駆使して環境音が作られます。サウンドデザイナーは、誰も聞いたことのない怪獣の鳴き声も、本物らしく作ります。

▶▶ ナマオトは本物よりも本物らしい音

　現実に存在する音でも、そのままの音を使うより、別の音を使った方がリアリティを高めることができる場合が結構あります。現場の音というのは、概しては迫力がなく、つまらないことが多いのです。

　木綿の袋に片栗粉などを入れて手でもむと、「キュッキュッ」と雪を踏みしめる音が出来あがります（図3-6）。雪の道を歩くシーンにこの音を組み合わせると、リアルに雪道を歩く足音が聞こえます。病室のモニタで聞こえる病人の「トックトック トック」という心臓の鼓動の音は、ペットボトルの中に小型マイクを入れて、ペットボトルをリズミカルに押すことで出来上がります。臨終間近なシーンでは、ペットボトルを押すペースを「ゆっくり」にすればいいのです。

雪道の足音のナマオト（3-6）

木綿の袋に片栗粉などを入れて手でもむと、「キュッキュッ」と雪を踏みしめる音が出来あがる

　乱闘シーンで人間を殴る場合には、ぬれたタオルで皮のソファを叩いたり、ぬれた雑巾を拳で叩いたりして、音を作ります。生肉を使うこともあります。実際に本気で殴り合っても、映像作品で感じられるような派手な音はしません。殴り合う音をそのまま使っても、もの足りない乱闘シーンにしかならないのです。

　骨を折る音も、当然、作られたものです。ベニア板、割り箸などを薄目の布で巻いて折った音が使われています。セロリをねじるという技もあります。リアリティを追求する監督でも、俳優の骨を折るわけにいかないので、効果マンが「骨を折っている」のです。腹がへっておなかが鳴る音、下痢でおなかがキュルキュルする音、おならの音など、そんなに都合よく出せませんから、作りだす必要があります。

　時代劇のチャンバラ（殺陣）の場面における人を切るときの音、血が吹き出るときの音も、やはり作りものです。時代劇においては、刀を抜くときの音、刀を振りまわす音、刀と刀がぶつかり合うときの音も、作りものの音で派手に響かせます。

　足音とか洋服の衣擦れの音なども、俳優の出す音をそのまま使わずに、別に録音した音を使うことも結構あります。かわいい女優さんの足音を、いかつい体格をした男性が担当することもあります。ドアの閉まる音も、シーンや状況にあった音にするために、効果音用の録音スタジオにはさまざまなタイプのドアが設置されています。

　こういった作りものの音は、擬音(ぎおん)とか**ナマオト**（**生音**という漢字を当てることもあります）とか呼ばれ、ナマオト作りのための道具も多く開発されています。ナマオトのルーツは、演劇で使われる効果音で、ナマオトは初期のラジオドラマなどでは、生放送で作られていました。ナマオトを作る人たちは、**フォーリー**、**音響効果**、**効果マン**などと呼ばれていましたが、**サウンドデザイナー**という名称が今どき風です。

▶▶ オリジナルティのある音を出すためにナマオトは必要とされる

　その後、各種の楽器、電子機器、電子楽器、録音機、エフェクタ、さらにはコンピュータなども活用され、多彩な音響表現が利用できるようになり、ナマオトが活躍する場は少なくなりました。また、膨大な効果音ライブラリなども整備され、効果音作成の効率化が図られてきました。ただし、ライブラリの音だけではどうしてもありがちの表現になってしまうので、オリジナリティのある音作りのためにはナマオト

のようなテクニックは欠かせません。

　ナマオトの制作過程は滑稽にも見えますが、それをドラマに取り入れた作品が、三谷幸喜監督の《ラヂオの時間（1997年）》です。この映画は、応募された脚本をもとにラジオドラマを生放送するという物語なのですが、声優やスタッフのわがままでストーリーがどんどん変化し（そこを面白おかしくドタバタ劇を展開させていくのが三谷ドラマの真骨頂なのですが）、そのための効果音（環境音）がライブラリにないという状況が生じます。それを救ったのが「かつて音響効果として活躍していたが、今は守衛になっている」伝説の効果マンです。

　映画の中では、差し迫った状況で守衛室から伝説の効果マンをスタジオに連れて来て、彼のアイデアで、バケツの中へ金属製の筒を通してピスタチオを落下させてマシンガンの銃声を作ったり、マイクに紙コップをかぶせて食卓塩とフリーズドドライのインスタントコーヒーの粉を振りかけてアルミ製の皿で受けて雨が降ってくる音を作ったり（図3-7）、稼働中の掃除機の吸い込み口を紙コップで開閉して宇宙船の飛行音を作ったりと、ナマオトが大活躍します。これらの場面では、音からイメージされるリアル感あふれる世界と滑稽なナマオト作りの様子のギャップを、面白おかしく描いています。それと同時に、今は守衛となった伝説の効果マンに「昔はね、音はぜんぶ手作りだった。だから、音には味があったもんだ。今は、なんだよ、なに聞いたって同じ音しか聞こえてこないじゃないか」と、音作りのオリジナリティの大事さを語らせています。そして、ラジオドラマ終了後には、「あんまり頼らない方がいいよ。機械に」と言って、彼は守衛の仕事に戻って行きます。

COLUMN

歳時記に詠み込まれた「しずけさ」

　日本人の感性のインデックスとも考えられる「俳句」の中にも、「しずけさ」を表現した句が多くみうけられます。映像作品の中で描かれているのと同様に、俳句の中にも「ほんの小さな音が聞こえてくる状況」が生み出す「しずけさ」が表現されています。みのむしのような小動物の出すかすかな音を描いた「みのむしの掛菜を喰らふ靜けさよ－白雄」のような句がいい例でしょう。

《ラヂオの時間》における雨の降る音を作る場面（3-7）

▶▶ 人間の声もナマオトになる

　ナマオト用にさまざまな道具が用いられ、さまざま便利な器具が開発されました。ところが、こういった道具に頼らず、さまざまな音を自分自身の声で作りだせる効果マンもいました。特に、ラジオドラマやトーキー映画の制作が開始された当時は、自分で何でも出せる効果マンが重宝されました。

　その頃から活躍する効果マンの中には、声と言えるかどうかは微妙ではありますが、口を使ってコオロギ、スズメ、カラス、犬、猫、ネズミ、豚などの鳴き声を出すことのできる名人芸を持った人もいました。さらには、口や手を使って、ポンポン蒸気船の音や馬の走る音などの再現も、お手のものだったようです。もちろん、今でもそんな名人芸をもった効果マンもおられるようですが、ライブラリや機材が発達した現代においては、活躍の機会は少なくなってきているようです（宴会芸としては重宝しそうですが）。

　ただし、今でも、犬が人間に吠えるシーンなどで、出演する犬がうまい具合に吠えてくれなかったり、場面にあった吠え声の録音がなかったりで、人間が吠えざるを得ないような場合もあります。特に、アニメーションの場合には、描かれた犬に合わせて吠えてくれるような犬はいないので、声優さんが吠えることになります。

　スタジオジブリ制作の《風立ちぬ（2013年）》（図3-8）は、夢に現れた飛行機の設計家カプローニ伯爵に励まされ、飛行機の設計家になることを目指した青年の姿を描いた作品です。この作品の中では、飛行機のプロペラ音、蒸気機関車の音、自動車のエンジン音、関東大震災の地響きなどのさまざまな音が人間の声で作られました。**サウンドデザイン**を担当したのは、笠松広司でした。凝った音作りをすることで定評のあるスタジオジブリですが、この作品では、宮崎駿監督が音のイメージをサウンドデザイナーになかなか伝えられず、自分自身も何が何だかわからなくなってしまったのだそうです。そこで、「子どもの頃はほとんどみんな絵を描きながら自分で声を出して、音楽も効果音もセリフも全部やっていたりするのだから、いっそすべて人の声でやったらどうなんだろう」と思い改め、人間の声による効果音制作に踏み切ったそうです。その結果、スタジオジブリの作品では珍しく、シンプルな音作りの作品に仕上がっています。

《風立ちぬ》の一場面（3-8）

人間の声でサウンドデザイン　　　　　　　風立ちぬ© 2013 Studio Ghibli・NDHDMTK

▶▶ 架空の存在の音をリアルに作る

　SF映画、ホラー映画などでは、まったくの架空の音をイメージして作る必要もあります。宇宙人の声、怪獣の鳴き声など、実際にはだれも聞いたことがありません。そんな音を、いかにもそれらしく作り出すのです。こういった架空の音は、ナマオトでしか作り出せません。

　怪獣映画のハシリともいえる《ゴジラ（1954年）》の鳴き声は、コントラバスの演奏を録音し、回転速度を落として再生することによって作り出されました。伝説の効果マン三縄一郎の工夫によるものです。この鳴き声は、後のゴジラ・シリーズでも踏襲されて使われています。

　恐竜を現代に蘇らせることをテーマにした《ジュラシック・パーク（1993年）》では、様々な動物の鳴き声を組み合わせて、リアリティあふれる恐竜の叫び声を作り出しました。監督のスティーヴン・スピルバーグは、サウンドデザイナーに、「ゴジラのようにはしないでくれ」と要望したそうです。オリジナリティにこだわったのでしょう。出来上がった叫び声は、コンピュータ・グラフィックスで作った恐竜を本物らしく見せるのに大きな貢献をしました。

　《ウルトラマン（1966 ～ 1967）》では、怪獣との戦いでスペシウム光線（図3-9）、ウルトラスラッシュ、ウルトラアタック光線といった**光線技**が使用されます。こういった光線技は架空のものなので、それがどんな音を発するのかは、制作者のイメージに委ねられることになります。音がしないという設定も可能ではありますが、やはり音をつけないと必殺技のリアリティは出てきません。いずれも狭帯域のノイズ（スペシウム光線は4キロヘルツ程度の周波数帯）が用いられています。ウルトラマンの光線技は、その後のシリーズでも各種のものが使われていますが、いずれも効果音はつけられています。映画《シン・ウルトラマン（2022年）》でも、初代ウルトラマンの光線技とともに効果音もかつてのものが踏襲されています。光線技はゴジラも使いますが、やはり効果音はつけられています。

ウルトラマンのスペシウム光線（3-9）

　《スター・ウォーズ》の一連のシリーズでは、**ライトセーバー**と呼ばれる架空の武器が利用されていますが、この武器も架空のものなので、リアリティを出すためにさまざまな音が付加されています。小さく収納されたライトセーバーが「ブシュー」と伸びる音、振り回したときに風を切るかのように「ビューン ビューン」という音と「ブーン ブーン」と低音でうなる音、ライトセーバー同士がぶつかったときに出る「ガシッ ガシッ」という衝突音などです。ぶつかる音に関しては実際の剣どうしの場合のイメージで音がデザインされているようですが、振り回す音は剣の場合とは少し違った音作りをしています。

　宇宙空間で宇宙船や隕石が飛んでいるシーンで「ゴー」とか「ヒュー」と鳴る効果音がつけられることもあります（図3-10）が、これも架空の音です。宇宙空間は真空ですから、音は出ないはずです。宇宙空間で繰り広げられる戦闘シーンでの銃声や光線技の音も、聞こえないはずです。しかし、音がした方がリアリティを感じることができるので、あえて物理的法則を無視した音の演出がされているのです。

物理法則を無視した宇宙空間での音の演出（3-10）

ヒュー

宇宙空間を飛んでいる隕石に「ヒュー」と鳴る効果音を付加する

COLUMN

真空中では音は伝わらない

　私たちが聞いている音は、なんらかの物体が運動（あるいは振動）したときに発生します。物体の運動は、その物体を取り巻く空気の圧力を変化させます。圧力の変化は、空気中を伝わります。この圧力変化が人間の耳に伝わり、「音」として聞こえるのです。机を叩いたら、机の表面が振動し、その振動が空気中を圧力の振動として伝わってくるのです。空気のない真空の状態だと、圧力の振動は伝わりませんから、音は聞こえないのです。

　真空中では音が伝わらないことを最初に証明したのは、イギリスのロバート・ボイル（1627〜1691年）です。彼は密封された容器の中に時計を置いて、空気を抜き取っていくという実験を行いました。容器の中に空気があるときには、時計の音は聞こえていました。しかし、空気を抜いて容器内が真空状態になると、音は聞こえなくなりました。

3-5

しずけさの演出、無音の テクニック

しずけさを際立たせるサウンドデザイン、素の状態の活用

映像作品には、しずけさが必要な場面もあります。しずけさは、かすかな音を強調することで作りだせます。映像作品では、無音の演出も効果的です。轟音が響く中での突然の音の遮断は、強いショックをもたらします。

▶▶ しずけさを感じさせる音

しずけさの演出に音を使うこともあるよくあります。水道の蛇口から水がしたたり落ちる音、小川のせせらぎ、時計の音、木の葉が擦れあう音など、かすかな音を強調することによって、しずけさを作り出すことができるのです。音を聞きつけて現れる怪獣が人間を襲う恐怖を描いた《クワイエット・プレイス（2018年）》では、その恐怖におびえながら母親が出産する場面で、床のきしむ音、電球のノイズなどでしずけさを保とうとしている様子を描いています。

ハンセン病の療養施設で暮らし、どら焼き屋でおいしい「あん」を作る老女の人生を描いた《あん（2015年）》にも、しずけさを描いた場面があります。どら焼き屋からいなくなった老女を訪ねて療養所に向かう店長の男と店の常連の少女が、バスを降りて療養所に行くまでの道中の場面です。その道の両脇は木が生い茂り、葉擦れ音と鳥の鳴き声が、しずけさを際立たせます。店長が「しずかだな」とつぶやくと、少女がかすかに「うん」と答え、しずけさの状況を語ります。

しずけさの強調は、その場面のおだやかな雰囲気を演出するとともに、その後に鳴る音に焦点を当てる効果もあります。時計が「チチチ」と静かに時を刻んでいる最中に、突然、電話の呼び出し音が鳴り響くと、その後の展開を予感させるほどに、電話の呼び出し音が強調されます。

しずけさを音で感じるという感性は、映像の世界だけのものではありません。日常生活の中でも、自然の中で聞く小川のせせらぎや木の葉のこすれあう音などからしずけさを感じることができます。「しずけさ」とは音のないことではありません。

「しずけさ」は、自然の響きに代表されるような、私たちが安心を覚える音と共に存在するのです。映像の世界では、そんな実生活の中でしずけさが感じられる音をほんの少し強調しているのです。

音響学の研究設備に**無響室**と呼ばれる実験室があります（**図3-11**）。外界からの音を分厚い壁で遮断し、中の響きを吸音材で吸い取る部屋です。無響室に一人で入って、黙っていれば、無音の状態を体験できます。しかし、残念ながら、そんな物理的な無音の世界からは、「しずけさ」のような情緒的な感覚はえられません。

無響室（3-11）

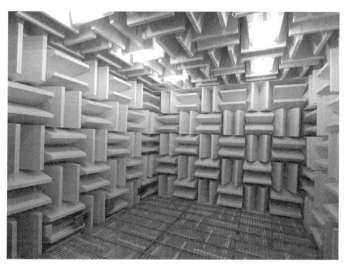

多数の吸音楔で囲まれている　　　　ソノーラテクノロジー提供（無響室・防音室メーカー）

▶▶ 心理的ショックを与える無音のテクニック

映像作品では音をまったく入れない**素の状態**にすることも可能ですから、あるシーンを突然無音にする**音の切断**を積極的に利用することもあります。それまで聞こえていたシーンの音を突然に切断するのです。人間は、轟音の中で突然音を切断すると、強い心理的ショックを受けます。この効果を利用することにより、緊張感のある時間を作り出すことができるのです。映像の動きをスローモーションに

第3章 映像メディアにおける環境音の役割

切り替えたり、動きを止めるストップモーションにしたりするシーンなどでは、その瞬間を素の状態にして、画面の変化を印象づける演出もよく用いられます。

《踊る大捜査線 THE MOVIE 2 レインボーブリッジを封鎖せよ！（2003年）》では、犯人を追い詰める婦人警官が銃で撃たれる場面に、音の切断の手法が使われています。彼女が撃たれたあと、完全に無音の状態がしばらく（約45秒）続きます。機材トラブルでも、音を入れ忘れたのでも、制作費をけちったわけでも、手を抜いたわけでもありません。観客に強いインパクトを与えるために、わざと無音の状態にしたのです。音楽も加えられた喧噪な追跡シーン直後の音の切断は、心理的ショックを作り出すのに効果的です。

《22年目の告白 —私が殺人犯です—（2017年）》のクライマックスの場面にも、一瞬ですが無音の効果を利用した場面があります。この映画は、過去の殺人事件の犯人であることを告白した作家が、実は元婚約者を殺した真の犯人を捜している男だったという一種の復讐劇です。男が犯人をつきとめ、ケーブルで犯人の首を絞める場面で、婚約者との回想シーンになるのですが、その回想シーンが無音の状態になっています。回想シーンが終わると犯人の首を絞めつける場面に戻りますが、ケーブルのきしむ音だけがギリギリと低く唸ります。その後、その現場と過去の犯行現場の映像とのモンタージュのシーンになりますが、再度、無音になります。最終的には、協力者の刑事の説得で男は犯人の殺害をあきらめるのですが、無音のシーンがケーブルのきしみ音を際立たせ、婚約者を失った無念、犯人に対する恨みなどを物語っています。

音の切断の効果は《新幹線大爆破（1975年）》でも効果的に使われています。この映画は、東京から博多へ向かう新幹線の列車に爆弾を仕掛けた犯人を追い詰めるドラマなのですが、警察は最後に海外へ逃走しようとする犯人を追い詰め、射殺します。犯人を射殺する場面で、画面を白黒に切り替え、撃たれて倒れるまでの犯人の動きをスローモーションにし、一切の音をカットしています。もちろん、銃声もしません。射殺のシーンに銃声を使わず、無音にすることによって、そのシーンがより印象的になり、むなしさを感じさせます。その後、犯人の動きはストップし、音楽が流れる中、犯人が乗るはずだった飛行機が飛び立っていきます。飛行機のエンジン音が、無常な響きを奏でます。

第 **4** 章

映像メディアにおける
効果音の役割

　ドラマなどで、映像シーンの劇的な変化を表現したり、登場人物の心理的なショックを表したりするために、「バーン」とか「ガーン」とかいった音を鳴らすことがあります。こういった音のことを効果音と呼びます。このような効果音により、シーンの劇的変化や登場人物のショックが強調されます。バラエティ番組でも、場面を強調するために、効果音が多用されます。

　効果音は心理描写にも利用されています。「ブワーン」といった低音の響きで不安な気持ちを感じさせることもできます。「キーン」といった高音の効果音は、不穏な雰囲気を漂わせます。効果音により、映像にリアリティが生まれ、笑いを誘発し、かわいさを強調します。効果音のサウンドデザインにより、映像表現の効果を高めることができます。

4-1

効果音が映像メディアを支える

効果音で場面を強調する、動きにリアリティを与える

効果音は、ドラマの登場人物の心情を表現したり、場面の状況を伝えたりとさまざまな役割を担っています。映像にリアリティを与えるのも効果音のチカラです。バラエティ番組においても、効果音は活躍しています。

▶▶ 映像のシーンの状況や登場人物の心情を表現、強調する効果音

ドラマなどで、シーンの劇的な変化を強調したり、登場人物の心理的なショックを表したりするために、「バーン」とか「ガーン」とかいった音を鳴らすことがあります。こういった音のことを効果音と呼びます。このような**効果音**により、シーンの劇的変化や登場人物のショックが表現あるいは強調されます。

バラエティ番組でも、場面を強調するために、効果音が多用されます。テロップで表現された文字情報を強調するために効果音が用いられることもあります。急激にテロップが現れる場合には、「ドーン」といった強調音が付加されます。ゆっくりと現れる場合には、「フワーン」という感じのゆるい感じの効果音が付加されます。

また、効果音は単に派手な音で、強調するだけではありません。「ブワーン」といった低音の響きで不安な気持ちを感じさせることもできます。「キーン」といった高音の効果音も、やはり不穏な雰囲気を漂わせます。

これらの音は、環境音のように現実の世界に存在するわけではないので、狭い意味で効果音と呼びますが、環境音を含んだ広い意味での効果音と紛らわしいので、誤解がないように**抽象音**、**ムード強調音**、**イメージ音**等と呼ばれる場合もあります。本書では、一般的な用語の「効果音」を用います。

▶▶ 映像のリアリティを演出する効果音

テレビや映画などの映像メディアでは、**アニメーション**や**コンピュータ・グラフィックス**を用いた映像表現が多用されています。そのような映像はバーチャル

なもので実体はありません。いくら精緻に制作しても、映像表現だけではリアリティに欠けます。効果音は、こういったバーチャルな存在にリアリティを与えるチカラを持っています。

　例えば、血管を伝わって人間の脳に栄養分が伝達される様子を説明するのに、アニメーションで栄養分が移動するところを見せるとその様子が分かりやすくなります（図4-1）。このような栄養分の移動を表現した映像に合わせて、「ヒューヒュー」と効果音を付加すると、移動する実感を持たせることができます。実際には、体内でそんな音はしていません（そんな音がしていたら、うるさくてしょうがないですよね）。しかし、効果音がない場合よりも、効果音を付けた場合の方が、はるかにリアリティのある移動感が得られるから不思議です。

移動する実感を演出する効果音（4-1）

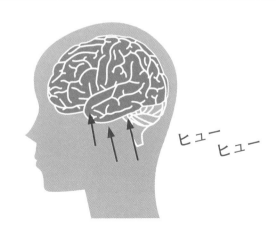

ヒュー
ヒュー

脳に栄養分が伝達される様子に「ヒューヒュー」と効果音を付加するとリアリティのある移動感が生ずる

　テレビドラマ《グッドパートナー・無敵の弁護士　第8話（2016年）》における裁判シーンにおいて、「主張に納得すると鼻の穴を膨らませる癖のある」裁判官が登場します。人間が鼻の穴を膨らませても、音を発するようなことはありません（もし、そんなことができる人がいたら、かくし芸として活かせるでしょう）。しかし、このドラマでは、この裁判官が鼻の穴を膨らませる際に、その鼻を大写しにするとともに大げさな効果音が付加されています。冷静に考えると不自然な音ですが、

音のチカラによりドラマの展開上重要なこのシーンが印象的になり、力強い盛り上がりが感じられます。

　現実の世界においては、動作するものは、必ずエネルギを消費します。そのさい、何らかの音を発生します。自動車、船舶、飛行機などがいい例でしょう。また、動きに伴い、周囲の環境にも影響を及ぼします。空気中を速く移動すると、風切り音が発生します。水上だと、水が飛び跳ねる音が発生します。動いたら何らかの音がするのが現実の世界です。このような現実の状況に対して、人工的に作られた映像においては、動作に音は伴いません。風切り音のような音が生ずることもありません。そのため、映像だけの表現は、リアリティが乏しく感じられるのです。そこに効果音を付加することにより、現実の世界に近い状況を作り出し、仮想のリアリティを創出することができるのです。音のチカラが、移動している様子をリアルにするのです。

▶▶ チャンネルをそのままに保つためにテレビで多用される効果音

　テレビ番組、特にバラエティ番組や情報提供番組では、ドラマ以上に効果音が多用され、視聴者の注意を引きつけています。効果音以外にも、音楽も利用されますが、ジングルと呼ばれる短い音楽が多用されることがテレビ番組の特徴です（CMの前に、ジングルが鳴らされることもあります）。

　ニュース番組では、テロップや切り替えパターンが多く使われていますから、効果音も多用されています。映像を指し示すキャスターの指示棒にあわせて、効果音を出すこともあります。資料映像を提示するときには、背景に音楽を流します。スポーツ・コーナーに移る際には、派手な音楽で盛り上げます。

　2-3節で述べましたが、クイズ番組では、正答に「ピンポン」、誤答に「ブー」と鳴る効果音を用い（図4-2）、解答の時間が迫っていることを「チチチチ」と時間を刻む音で緊迫感を演出します（最近の時計はそんな音はしないですが）。また、賞金がかかった場面の正答には派手なファンファーレが用意されています。これらの音はありがちですが、そういった定番の音の利用で番組の展開を分かりやすくしつつ、番組を盛り上げているのです。

　これらの効果音や音楽は、なくても別に困りません。番組の進行にも影響を与

えることもありません。見方によれば、不要な音です。しかし、番組を盛り上げ、視聴者の興味を引きつけるためには、欠かせない存在となっています。テレビの視聴者は気まぐれです。番組に退屈すると、ただちにチャンネルを変えてしまいます。スイッチを切ってしまうかもしれません。**チャンネルをそのままに**保つために、効果音や音楽を多用して、視聴者に刺激を与え続けるのです。

クイズ番組を盛り上げる「ピンポン」と「ブー」（4-2）

ピンポン　　　　　　　　　　ブー

COLUMN　サウンドデザイナーを主役にしたドキュメンタリ映画

　サウンドデザイナーたちが、映画制作の過程で、どのように音を作りあげていくのかに焦点をあてたドキュメンタリ映画が《ようこそ映画音響の世界へ（2019年）》です。この映画は、数々の名作を生み出した著名な映画監督が映画の「音」へのこだわりや芸術性を語る映像のほか、その監督たちの元で実際の音作りを担当したサウンドデザイナーたちへのインタビューやメイキング映像などで構成されています。通常は裏方として映画制作を支えてきたサウンドデザイナーを前面に引き出したユニークな映画となっています。監督を務めたのも、ハリウッドでサウンドデザイナーとして活躍しているミッジ・コスティンという方です。

4-2
効果音が笑いやかわいさを演出する

面白コンテンツに欠かせない効果音

効果音の利用により、笑いを誘発し、かわいさを強調することもできます。効果音の付加により、投稿ビデオや野球の珍プレーはより面白くなり、動物の映像ではしぐさのかわいさが倍増します。

▶▶ 笑いの神を降臨させる効果音：効果音で笑わされている

テレビの子供向けアニメやバラエティ番組などでは、おかしさを強調する効果音や音楽が多用されています。こうした笑いを誘発する音は、**面白コンテンツ**を制作するためにはなくてはならない要素となっています。ハリセンを使って人を叩くときに「ビシッ」「バシッ」と大げさな音を加えて、「つっこみ」を強調します。ギャグが滑ったときには、カラスの鳴き声やお寺の鐘の音で虚しさを強調し、逆に面白い場面に転換します。おかしさを強調するためにユーモラスな音楽、失敗した悲劇をより強調するための悲しげな音楽を組み合わせることもあります。

お笑い系の映像コンテンツに使われる効果音には、転んだりぶつかったりするときの音を誇張しておおげさに表現した**誇張音**と実際には音がしないモノ（人間、動物、乗り物、物体、キャラクタなど）の動きを音で表現した**イメージ音**があります。イメージ音、誇張音を加えることで、面白さ、おかしさが強調され、笑える場面が構成されるのです。

《プロ野球珍プレー・好プレー大賞》は、普通のスポーツ番組で紹介される好プレーだけでなく、プロ野球の試合中のエラー、乱闘騒ぎ（**図4-3**）、選手のパフォーマンスやハプニングなどの笑える映像ネタを集めて紹介する番組ですが、**お笑いコンテンツ**らしい効果音を多用して番組を盛りあげます。選手同士が衝突するときには「ドーン」、選手がボールにぶつかるときには「ビシッ」と大げさな衝突音をつけて痛いさまを誇張します。また、ボールをハンブルしたり選手が飛び跳ねるときには「ピョンピョン」とバネの跳ねるようなイメージ音をつけたり、暴投シー

ンには「ヒューン」という感じのユーモラスなイメージ音をつけて、おかしさを増幅させます。効果音のチカラで珍プレーが笑えるコンテンツになっているのです。

《プロ野球珍プレー・好プレー大賞》でよくある乱闘シーン（4-3）

▶▶ 「かわいい」を演出する効果音

　動物関係のテレビ番組はさまざまなものが放送されていますが、結構人気になっています。お茶の間で、家族で見るのにふさわしいコンテンツといえるでしょう。動物たちの愛くるしい表情やほほえましい行動に心癒やされる人も多いのでしょう。

　動物たちの「かわいい」動きは、人気の源となっています。テレビ番組では、そのかわいさを強調するために音楽とともに効果音が多用されています。手足をかわいく動かすのに合わせて、「キュッキュッ」という効果音（イメージ音）が付加されることで、かわいさは倍増します。効果音は、かわいさを演出する効果もあるのです。猫が腹筋のようなしぐさをするのに合わせて、「ピヨンピヨン」という効果音を用いる演出も、かわいさを感じさせるのに効果的です。

▶▶ 投稿ビデオも効果音で成立している

　面白おかしい場面を視聴者がテレビ局に提供する**投稿ビデオ**では、投稿された映像素材をそのままの状態ではなく、より面白おかしくするために効果音や音楽を

付加して放送しています。投稿ビデオによくある子供や動物をネタにした映像の場合、「おかしさ」と「かわいさ」を効果音と音楽で強調します。

　投稿ビデオでよくあるネタは、こけたり、ぶつかったりの失敗ネタですが、大げさに誇張された衝突音が付加されます。子どもが滑って転んだ場面には、「ドシン」とまるで天地がひっくり返ったような誇張音をつけて、失敗したありさまを強調します。

　ユーモラスな動きには、動きに合わせたユーモラスなイメージ音でおかしさを強調します。投稿ビデオでは、犬や猫などの動物関係のネタも多いのですが、動物の落ち着きのない動きを強調するための「ヒューヒュー」といった音を付加して、ユーモラスな様子を演出します。子供がよちよち歩く様子も、「ピコピコ」といった効果音でおかしさを醸し出します。これらの音は、同時に動物や子供のかわいさを強調する効果もあります。

バーチャル空間の音環境

　メタバースといったインターネット上の**バーチャル空間**での交流が話題になっていますが、映画やテレビドラマでもバーチャル空間が描かれるようになってきました。テレビでは、バラエティ番組をバーチャル空間で行っているような演出も導入されています。考えてみれば、映画やテレビ自体がバーチャルな世界なので、その中でのバーチャル空間となると、なんか不思議な存在ですね。おまけに、実際のバーチャル空間は物理的な存在ではないのですが、映像メディアの世界のバーチャル空間では人や動物や環境が実際に存在するかのように描かれています。

　ただし、実際の存在とは違うことを示すためにいろんな演出が加えられています。無重力空間のように人間が浮かんでいたり、仮面をつけていたり、（なぜか）魚が泳いでいたり、おもちゃや人形が動いていたりしています。音響的にも演出がなされていて、人間（AIとかの場合もあります）の声にイコライザやボイスチェンジャーを使って変な声にしたり、エコーをかけたりして、現実の世界の声との差別化を図っています。バーチャルな空間から現実の世界へ戻るときには、自然音や生活音を聞かせて戻った世界が現実の世界（映像空間では、本当はここも仮想の世界なのですが）であることを強調します。

4-3
効果音が映像のリアリティを作り出す

ピッチの上昇がエネルギレベルの上昇を連想させる

　効果音の利用により、仮想の存在にすぎない映像表現にリアリティを与えることができます。効果音により、テロップの出現や画面の切り替えパターンにおいて、自然な移動感をもたらすこともできます。

▶▶ テロップを印象づける効果音

　映像メディアでは、テロップと呼ばれる合成した文字情報を提示して、強調したい内容を正確に伝え、かつ印象づける工夫がなされています。テロップの出現方法は様々ですが、テロップの機能を高めるために、その出現に合わせて効果音が付加されています。テロップの出現や移動のしかたに合わせて効果音を付加することにより、バーチャルな存在に過ぎないテロップの映像が実際に存在しているかのような感覚が生じます。

　そのことを実感させるテロップが、文字が1文字ずつ出現するのにあわせて、「ダッ ダッ ダッ ダッ」と効果音が鳴る**テロップ・パターン**です（図4-4）。これは、タイプライタで文字を打つ状況を模擬したもので、効果音によってリアリティのあるテロップ・パターンになります（若い人は、タイプライタを見たことがないかもしれませんが）。

　画面の外から文字が中央に飛んでくるようなテロップ・パターンには、「ヒュー」という風切り音のような効果音を加えることで、リアリティが伴う移動感が形成されます（図4-5）。回転しながら出てくるテロップには、「ワンワンワン」とピッチが周期的に変化する効果音を加えることで、回転運動のリアリティが感じられます。

一文字ずつ出現するテロップ（4-4）

タイプライタで文字を打つ状況を模擬したテロップ・パターン＋「ダッ ダッ ダッ ダッ」とタイプライタのように鳴る効果音

飛んでくるテロップ（4-5）

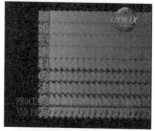

画面の外から文字が中央に飛んでくるようなテロップ・パターン＋「ヒュー」という風切り音のような効果音

▶▶ 映像の切り替えのリアリティを感じさせる効果音

　テレビ番組などで、ある映像シーンから別の映像シーンへ場面を転換するとき、さまざまな切り替えパターンが用いられます。**切り替えパターン**では、前の映像を残しつつ、新しい映像が少しずつ現れながら切り替わります。映像の切り替えパターンは実体のないものなので、もともと音はありません。しかし、無音状態での映像の切り替えパターンからは、**リアリティ**が感じられません。そこにリアリティを与えるために効果音が用いられています。効果音が動力源を連想させ、現実の世界のように、エネルギを使って映像シーンを転換したかのようなリアリティが得られるのです。

　映像が移り変わる実感を得るためには、映像の切り替えパターンにマッチした音の変化パターンを組み合わせることが効果的です。新しい映像が画面の下端から上昇して古い映像と切り替わるような切り替えパターンには、ピッチが連続的に上昇するスイープ音がマッチします（**図4-6**）。対称的に、ピッチの下降スイープ音は、画面の上端から下降して切り替わるパターンとマッチします。

上下方向の切り替えパターン（4-6）

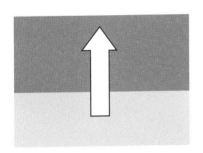

新しい映像が画面の下端から上昇して古い映像と切り替わるような切り替えパターン

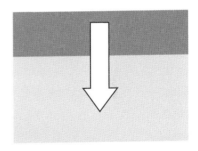

画面の上端から下降して切り替わる切り替えパターン

▶▶ ピッチと空間の上下方向の一致は自然に調和する

　同じような現象は、切り替えパターンだけに限りません。ボールを放り上げたり、ジャンプしたり、上方に移動する物体、動物、人などの映像に、ピッチが上昇する効果音や音楽を合わせると、自然な調和感が得られます。対称的に、下降する場合は、ピッチが下降する音が自然に調和します。

　乗り物や工場などで出力パワーを上下の動きで示すインジケータで、出力パワーの増大を光る棒状のものが上方に伸びることで表すとします。その動きに合わせてピッチが連続的に高まるスイープ音を付加すると、グーンとエネルギがみなぎる感じがでます。出力パワーの低下は、棒が下方向に縮む動きとピッチが連続的に低下するスイープ音の組み合わせで表現できます。

　「上」と「下」、「高」と「低」という感覚表現は、「上の階へ移動する」「高い山に登る」のように、空間の位置を表す表現として用いられます。同じ上下、高低の感覚表現は、「高い音」「低い音」「上のパート」「下のパート」のように、ピッチの違いとしても用いられます。この両者は、一方は視覚の空間的な感覚、もう一方は聴覚のピッチの感覚を表現し、本来はなんの関連もありません。

　それにも関わらず、「上」と「下」、「高」と「低」というピッチと垂直方向の感覚の一致は、日本語だけでなく、英語、ドイツ語、フランス語、スペイン語、イタリア語、中国語、ハングルなど、多くの言語で広く共通しています。音符の「高さ」を表現した楽譜においても、ピッチの高い音は楽譜の上の方に位置しています。それに対して、ピッチの低い音は楽譜の下の方に位置します。**ピッチと空間の上下方向の一致**が自然に調和する感覚は、映像メディアにおけるサウンドデザインを行うとき、ユニバーサルに活用できます。

COLUMN　現実の世界でも効果音が必要になってきた

　リアリティを演出する効果音が必要なのは、映像メディアのようなバーチャルな世界だけにとどまりません。現実の世界においても必要とされるようになってきました。デジカメのシャッター音がいい例です。デジカメのシャッターは単なる電子的なスイッチで、シャッター音はしません。しかし、人間の感性は保守的で、音のフィードバックがないと、「写真を撮った」「撮られた」という実感が得られません。そこで、わざわざスピーカからシャッター音を流して、「写真を撮った」「撮られた」という経験を感じさせているのです。

4-4
効果音のサウンドデザインと
その変遷

ナマオト、ライブラリ、各種機材を駆使して効果音を作る

　効果音はさまざまな道具を用いて制作されてきましたが、テープレコーダやエフェクタの利用により、そのバリエーションが多彩になりました。さらに、コンピュータの導入で効率的に効果音が制作できるようになりました。

▶▶ 効果音づくり（環境音を含む）の歴史

　効果音や環境音（広い意味での効果音）は、映像作品の中で重要な役割を果たしていますが、その起源は演劇の舞台での音による演出でした。演劇の世界では、古くから、葬式、結婚式で教会の鐘の音を鳴らすといったシンボリックな音を用いた演出がなされてきました。雨、風、波といった環境音も、道具（音具）を用いたナマオト（擬音）で表現されていました。

　日本の歌舞伎でもさまざまな音具が開発され、独自の音文化を形成してきました。柳行李（やなぎこおり）に和紙を貼って柿渋を塗った箱状の容器に小豆を入れ、左右にゆらすと波の音が作ることができます。歌舞伎でもそんな波の音を作る**波ざる**と呼ばれる道具が利用されています（図4-7）。貝殻（赤貝が最適だそうです）の溝のある面どうしをこすり合わせると、カエルの鳴き声をつくることができます。そんな道具が歌舞伎でも利用されています（図4-8）。

COLUMN　デジタルとアナログ

　デジタル、アナログという言葉をよく見かけますが、この両者の違いは何でしょうか？近ごろは、人間の手による古い物ややり方をアナログ、電子化された新しい装置ややり方をデジタルという使い分けをしているようです。しかし、本来のデジタルとアナログの違いは、そうではありません。アナログとは連続的、デジタルとは離散的という意味です。音の場合、音は空気の圧力変動ですから、連続的なアナログ情報です。音をデジタル化するということは、圧力変化の連続信号（音波）を細切れにして数値化することです。現在のデジタル技術が古くなっても決してアナログ技術になることはないのです。

波ざる（4-7）

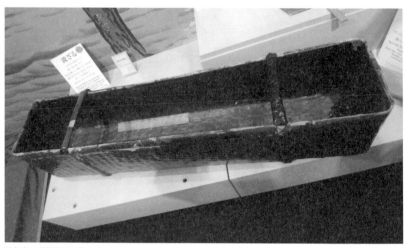

歌舞伎で利用されている

貝でカエルの鳴き声をつくる（4-8）

歌舞伎で利用されている

　トーキー映画の黎明期には、同じ時期に運営を開始したラジオにおいて人気の
あったラジオドラマのノウハウも活用されていました。ラジオ業界から移動して映
画の仕事をするようになったスタッフもいたそうです。また、そのノウハウは、後
にテレビドラマでも活用されました。初期のラジオ、テレビは、生放送が原則でし
た。ドラマに利用される効果音（環境音を含む）も原則生放送のナマオトで提供
されました。多くの効果マンが、いろんな道具を駆使して音の演出を担いました。

　光学録音の時代には、サウンドトラックに傷を入れるなどして、効果音を作る技
法もありました。その技法は、アート・アニメーション作家として知られるノーマン・
マクラクレンの作品でも用いられていて、独特の効果をもたらしています。

▶▶ テープレコーダの導入で効果音づくりが劇的に進化した

　テープレコーダが登場（1950年代以降）し、可搬型のテープレコーダ（図
4-9）が利用できるようになると、スタジオでの録音だけでなく、ロケーション現
場での録音が容易になり、環境音の活用範囲が格段に広がりました。テープレコー
ダの場合、その場で再生することが可能なので、現場でのチェックができるように
なったメリットもありました（光学録音では現像しないと録音した音を聞けません
でした）。

可搬型テープレコーダ（NAGRA IV-S1）（4-9）

　また、テープレコーダは、単に録音・再生だけでなく編集機、**エフェクタ**としても活用されました。テープは、切ったり貼ったりすることができるので、不要な部分を省いたり、音と音をつないだりと、いろんな編集を行うことができます。また、録音時と再生時で回転数を変化させることにより、実際よりも低いピッチの音や高いピッチの音も作りだせます。また、テープを手でヘッドと呼ばれる再生部にこすりつけて動かすと、「キュッキュッ」といった不安定で不思議な音を作り出すこともできます。さらに、逆方向に再生することで、聞いたこともない変な音を作り出すことも可能です。また、工夫すれば、エコーを付加することもできます。

　また、音楽の**マルチトラック・レコーディング**で活用されていた多チャンネル（マルチトラック）のレコーダが活用できるようになると、複数の音を混ぜ合わせて音を作る作業も容易にできるようになりました。さまざまな音をバランスよく組み合わせて、一つの音環境を構成するということもできます。シーンの途中で音のバランスを変化させることも効果的です。

▶▶ エフェクタを利用したサウンドデザイン

　音楽制作で用いられる**イコライザ**や**ディレイ**、**リバーブ**といったエフェクタは、映像作品にも利用されています。エフェクタの利用により、人間の声や環境音を、元の音とは違った印象の音に変化させ、違った用途に活用することもできます。

　イコライザや**フィルタ**と呼ばれるエフェクタは、ある特定の周波数帯の音をカットしたり、増幅したりするための機器です。電話の声などを作りだすには、限られた周波数範囲の音だけに制限します。また、環境音の高域をカットしてくぐもった感じの音にして、もうろうとした雰囲気を出す音の演出もなされています。いろんな特技をもった女性たちが宝石を盗み出す手口を描いた《オーシャンズ8（2018年）》の中で、盗んだ宝石を運び出す途中で宝石を水に沈める場面があります。その場面で、宝石を水の中に沈める行為に合わせて付加されている音楽の高域成分を低下させて低域を強調し、音楽をモゴモゴした感じの音質に変化させています（図4-10）。音楽の音質を変化させることで、水につける行為が印象的になります。

《オーシャンズ8》で用いられたスペクトルの変化（4-10）

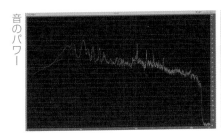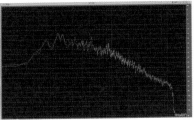

付加されている音楽のスペクトル（左）とその音楽の高域成分を低下させたスペクトル（右）

　ディレイ、リバーブといったエフェクタは、反射音や残響を付加するためのエフェクタです。トンネルや工場のシーンなどでの台詞をアフレコで録音するときには、ディレイ、リバーブなどを使って、声が反響する様子を作りだします。

　声が反響する効果は、実際の環境をシミュレーションするためだけに使われているわけではありません。ディレイとかリバーブといった響きを付加する装置によって、過去を回想するシーンの雰囲気を醸し出すという使い方もよく用いられています。ドラマの中で回想シーンを挿入する場合、画面をセピア色にするなどして回想シーンらしい雰囲気を演出するといった手法がよく用いられますが、そこで交わされる台詞にエコーをかけて「遠い過去」のイメージを醸し出すことができるのです。

　霊界の存在（「人」と言っていいかどうかわからないので「存在」という言葉を使っています）の声にディレイやリバーブを通して、架空の存在の声を普通の人間の声と差別化することもできます。宇宙人の声も、誰も聞いたことがないので（おそらく）、いろいろと工夫をして音作りをしますが、ディレイやリバーブを利用することもあります（イコライザやフィルタも活用されます）。扇風機に向かって「我々は宇宙人だ」という遊びも、反射音の効果を利用したものです。インターネットのバーチャルな空間での交流やあらそいを表現する場合にも、エフェクタ類を使った声でバーチャル感を演出します。

　また、強調したい台詞や演出的環境音（3章参照）などをディレイやリバーブを通して、より印象的な音にすることもあります。また、コツコツと響く足音にディ

レイやリバーブを通すと不気味な音になり、何か恐ろしい存在が迫ってくるような感じを強調し、危機感を煽ることができます。

▶▶ デジタル技術の発展により効果音づくりはさらに進化した

　音楽の世界の電子音楽と同様に、電子的な**発振器**も効果音作成に活用されます。楽器として開発された**シンセサイザ**も効果音作成に便利なツールです。デジタル技術の発展に伴い、現実音を**サンプリング**した音の編集・加工が可能となり、効果音の作成が容易にかつ精度よくできるようになりました。さらに、音を加工する各種のエフェクタもデジタル化され、機能も多彩になり、表現の幅も格段に広がりました。デジタル化されたシンセサイザは、音楽制作のみでなく、効果音作成にもさらに便利で表現力のあるツールとなりました。

　2台のテープレコーダを使って同じ音を再生して混ぜ合わせると、そのうち同期がずれて両音が干渉してうねるような音に変化します。幻想的なシーンでは、そんな音も効果的です。その原理を利用した**フランジャー**と呼ばれるエフェクタも開発され、さらにデジタル化されました。

　通常の人間とは違った存在の声を表現するために、ピッチを変換するエフェクタを使って、通常の人間よりも低い声や高い声を作りだすこともできます。昔は、テープレコーダの回転速度を変化させてピッチを変化させていました。テープを使うと、長さまで変化してしまったのですが、現在のエフェクタではデジタル化されていますので、その心配はありません。

　また、**デジタル技術**の発展に伴い効果音の作成にも**コンピュータ**が利用できるような状況になって、格段に効果音の作成が容易になりました。映像編集もコンピュータでできるようになり、**デスクトップ・ミュージック**（DTM）並みの感覚で行える状況も整ってきました。各種のエフェクタも、コンピュータ内のソフトウェアで行うことができるようになっています。

　さらに、膨大な音のライブラリも利用可能となり、それなりの音をつけるだけならライブラリからの活用で何とかなり、予算的にもずいぶん安上がりで映像制作を行うことができます。録音テープの時代にはライブラリからの取り出しも大仕事でしたが、デジタルの時代になってからは格段に効率化されています。データベー

ス化も可能で、検索も容易にできます。大量の効果音を提供するウェブサイトも
あります。

　ただし、ライブラリの音だけではどうしても凡庸でベタな感じになってしまいが
ちです。映像作品としてのオリジナリティを発揮するためには工夫を凝らした音づ
くりの必要性があります。

COLUMN　録音テープが音文化を変えた

　テープレコーダは、録音テープに音の波形を記録し、再生する装置です。録音テー
プは、テープに塗布された磁性材料の粒子を磁化することによって、音を記録する媒
体です。テープは、会話を記録したり、音楽を楽しんだりするメディアとしても広く
用いられていました。「音鉄」と呼ばれる列車の走行音を録音することを趣味とする
人たちが現れたのも、録音テープが広く利用できるようになってからです。録音した
あとに切り貼りしたりダビングしたりして編集することも可能になったことで、テー
プは音楽制作の手法を一変させたメディアでもあります。環境音を録音して編集して
制作するミュジーク・コンクレートと呼ばれる音楽ジャンルも、テープの存在によっ
て成立しているのです。もちろん、映像メディアの音作りも、テープの登場でずいぶ
ん進歩しました。今はテープの役割はコンピュータにとって代わられましたが、テー
プが音文化や映像文化に及ぼした影響ははかり知れません。

「音＋映像」ではなく「音×映像」か？

　映画における音や音楽の効果について、黒澤明監督は「音＋映像」ではなく「音×映像」だと主張しました。評論家たちが彼の才能や功績を論ずるときにもこの表現を引用し、いかに彼が音や音楽にもこだわった映画制作を行っていたのかを称賛しています。おそらく、彼らは「音＝10、映像＝10→音×映像＝100」といった条件を思い浮かべて、黒澤監督の言葉を称賛しているのでしょう。あるいは掛け算の方が足し算よりも数字が大きくなる（従って、効果も大きくなる）との単純な思い込みかもしれません。黒澤監督自身も、同じ程度の発想で述べた言葉かもしれません。

　でもちょっと待ってください。「音＝0.5」とかもっと極端な「音＝0」とかの数字を想定すると、ちょっと事情が変わってきます。「音＝0.5」だと音は映像の効果を半減させますし、「音＝0」だと作品を台なしにしてしまいます。そこまで考えると、「音×映像」には「音や音楽に手を抜くと、作品自体がだめになる」という意味まで加わることになります。黒澤監督はそこまで考えていたのでしょうか？

　統計学の分野では、「A×B」という表現は「AとBの交互作用」を意味する略号としてよく用いられています。交互作用とは、例えば、Aという薬、Bという薬を単独で用いても大して効かないのに、両方を合わせて用いるとものすごく良く効くというような作用です。「音×映像」の交互作用も、音だけ、映像だけだとそれほど印象に残らないのに、音と映像を組み合わせると強烈な印象になったということになります。「音×映像」は、交互作用として捉えても、映像作品における音の役割を表すのにふさわしい表現のように思えます。なお、交互作用には、Aという薬、Bという薬は単独で用いてよく効いていたのに、両方を合わせて用いるとまったく効かない、あるいは病状を悪化させてしまうというような場合もあります。やはり、音は下手すると映像作品を台なしにしかねないということになりますね。

第5章

映像メディアにおける音楽の役割

　音楽は、鑑賞の対象としての存在にとどまらず、心に働きかける機能を活かして、さまざまな用途に用いられているようになってきました。音楽は映像作品にも用いられ、映像で表現された内容を強調したり、映像では表現できない情感を補完したり、異なる場面を自然にあるいは印象的に繋げたりと、さまざまな役割を果たしています。

　映画やテレビのドラマにおいては、音楽は、場面を強調したり、登場人物の気持ちを表したり、場面のムードを伝えたり、さらにはストーリーを語るなど、さまざまな演出効果を担っています。音楽の利用はドラマに限りません。ニュース、記録映像、バラエティ番組、教養番組、さらには CM などでも音楽が利用されています。映像コンテンツは多様化してきましたが、いずれも音楽の表現力を活用したサウンドデザインによって作品を成立させているのです。

5-1

音楽が映像作品を支えている

映像作品に音楽の機能的役割を活かす術

音楽には直接心に訴えるチカラがあります。映像作品では、音楽のチカラを活か
して、音楽にストーリーを語らせます。音楽の多彩なジャンルの多様な表現力が、
映像作品に活かされています。

▶▶ 音楽の機能的役割を映像作品に活用する

音楽は、心に直接訴えかけるメッセージを担い、「鑑賞」する存在として発展し
てきました。心に染み入る音楽を純粋に楽しむ鑑賞体験は、日々の生活に潤いを
もたらし、生きる喜びに貢献し、人生を豊かにしてくれます。それだけで、音楽の
存在する意味があると考えられます。しかし、音楽は、鑑賞の対象としてのみ存在
するのにとどまらず、心に働きかける機能を活かして、「鑑賞」以外の目的でさま
ざまな用途に用いられているようになってきました。

BGM（Background Music）はカフェやレストランなど我々の周りにあふれて
いています（図5-1）。高級宝石店ではクラシック音楽、若者向けのファッション
店ではポピュラー音楽を流すなどして、BGMは空間の雰囲気づくりに貢献してい
ます。メッセージを伝えるサイン音に音楽的要素を利用した例も多くあります。鉄
道駅の**発車メロディ**はいい例でしょう。お風呂にお湯が入った合図や洗濯機の稼
働終了に音楽が利用されていることもあります。音楽は、健康維持や心をいやす
ためにも使われます。**音楽療法**として、医療の現場にも音楽が活用されています。
また、儀式やイベント、さらにはスポーツの応援などで利用されている音楽もたく
さんあります。

カフェで流れるBGM（5-1）

　テレビや映画でも、音楽は重要な役割を果たしています。このような利用も人間の感性に訴えかける**音楽の機能的役割**を活用したものです。1章でも紹介しましたが、音楽の利用は、サイレント映画の頃から行われていました。映像メディアにおける音楽利用の歴史は、映像メディアの歴史とオーバーラップすると考えていいでしょう。

　ドラマにおける音楽は、展開されるドラマの背景で静かにムードを醸し出す場合もあれば、音楽が主役になったかのように、朗々と奏でられる場合もあります。また、効果音との区別が難しいような短い音楽が利用されることもあれば、音楽が十分以上にわたって流れ続けることもあります。また、しっかりしたメロディが奏でられる場合もあれば、はっきりとしたメロディが感じられないような場合もあります。

▶▶ 映像作品における音楽のさまざまな役割

　音楽は、映像で表現された内容を強調したり、映像では表現できない部分を補完したり、異なる場面を自然にあるいは印象的に繋げたりと、さまざまな機能を担っています。映画やテレビのドラマにおいては、音楽は、場面を強調したり、登場人

物の気持ちを表したり、場面のムードを伝えたりと、各種の演出効果を担っています。

　アクション映画のカーチェイスでは、テンポの速い音楽で視聴者の興奮をあおります。テンポの緩急は、ドラマの流れを作るのに効果的です。音楽のテンポで物語のテンポ感を醸し出すことができます。犯人を追いかける刑事には、テンポの速い音楽を組み合わせます。ホラー映画では、強烈な効果音と不気味な音楽で、恐怖感を増大させます。恐怖感をあおるには、不協和音も効果的です。また、サスペンスなどでは、差し迫った状況を同じようなフレーズの繰り返しで表現します。そして、クレッシェンド（しだいに音量を増大させる）で最大音量になった時点で、緊張感は頂点に達します。また、恋愛ドラマのラブシーンを盛り上げるのは、ムードあふれるロマンティックな音楽です。

　さらに、2章で紹介したように、音楽の利用はドラマに限りません。ニュース、記録映像、バラエティ番組、教養番組、さらにはCMなどでも音楽が利用されています。映像コンテンツは多様化してきましたが、いずれも音楽の表現力の活用によって作品を成立させているのです。

▶▶ 映像メディアにおけるさまざまなジャンルの音楽

　トーキー映画が一般的になったころ、映画音楽の3大巨匠と呼ばれる、アルフレッド・ニューマン、エーリヒ・ヴォルフガング・コンゴルド、マックス・スタイナーらの作曲家が活躍しました。彼らの作る映画音楽は、西洋クラシック音楽を基調としたオーケストラ曲が中心でした。そのうち、ジャズやロックなども、映画音楽として利用されるようになり、映画やテレビではさまざまなジャンルの音楽が利用されるようになりました。

　さらに、アーティストの個性あふれるサウンドを利用するといった試みも行われるようになりました。年老いた両親が暮らす実家に久々に集まった家族の様子を描いた是枝裕和監督の《歩いても 歩いても（2008）》では、音楽が使われている場面はそれほど多くはないのですが、すべての音楽をギターデュオのゴンチチ（図5-2）の演奏のみにしてサウンドを統一しています。是枝裕和監督は、生まれたときの子供の取り違え事件を扱った《そして父になる（2013）》でも、音楽を

ピアノ演奏に統一しています。この映画の音楽としては、ピアノの既存曲を活用するほか、ピアノの短音をポツリポツリ鳴らすだけです。ドラマの中で演奏される曲も、ピアノ曲に限っています。ピアノの硬質な響きが、冷徹でエリート然とした父親の雰囲気にピッタリでした。ギターが出てくる場面があるのですが、音は鳴らさず、おもちゃの銃で撃ってくる子供に対抗するための銃として使われるだけでした。サウンドを統一することによって、映像作品のムードに統一感が生まれます。

ギターデュオのゴンチチ（5-2）

　調性感のないメロディや電子楽器などの新しい響きを模索する現代音楽の利用も、不安な気持ちや不気味な状況を表現したいような場合には効果的です。（こんなことを書くと、作曲家の皆さんに叱られそうですが）**現代音楽**というと、調性感を感じさせない不安定な曲調や不気味な電子音やノイズを利用したサウンドのために、「なじめない」「訳の分からない音楽」として敬遠されがちです。好きな音楽ジャンルが現代音楽で、現代音楽の演奏会を楽しみにしているという人はごく

わずかでしょう。そんな現代音楽が、不思議とスリラー映画やホラー映画にピッタリ合いました。不協和音のフォルティシモも、力強い映像の場面をより印象的にします。映像の世界では、普段は現代音楽など聴かない一般の方にも、現代音楽が自然と受け入れられています。

　現代音楽ほどではないにせよ、オーケストラによる**クラシック**音楽も、一般の方にはそれほど積極的に聴かれる音楽ジャンルではありません。しかし、人気の映画の中でオーケストラ曲がテーマ曲になっていたりすると、映画音楽としてヒットすることも少なくありません。**ジャズ**や**ロック**になじみのない方にも、映像作品の中では素直に受け入れられているようです。教会旋法も映像作品の中では効果的に活用されています。映像作品の中には、普段聞くことのない民族音楽や珍しい楽器を利用したものも多くあります。《第三の男（1949年）》で使われた「ツィター」（図5-3）という楽器がいい例でしょう。《第三の男》のテーマ曲ではツィターの音色は印象的ですが、一般の方にはそれ以外の曲で聞く機会はあまりない楽器です。

　映像作品を観ている観客にとっては、ストーリーと寄り添う音楽は、音楽の好みや音楽経験を越えて、素直に耳に入ってくるようです。観客にその自覚はあまりないかもしれませんが、映像メディアはなじみのない音楽ジャンルへの格好の出会いの場となっていると言ってもいいでしょう。映像メディアは、観客にとって音楽経験を積み重ねるいい機会にもなっているのです。

COLUMN　使い回される《第三の男》のテーマ

　ツィターの音色が印象的な《第三の男》のテーマ曲ですが、このテーマ曲は別の用途にも使い回されています。まずは、エビスビールのCMでずいぶん利用されました。さらに、《第三の男》のテーマ曲は、JR東日本山手線の恵比寿駅の発車メロディとして使われています。なじみのあるメロディなので、この曲を聞くと「恵比寿駅に着いたな」と気づきます。エビスビールを製造していた工場が現在の恵比寿駅近くにあって、恵比寿駅はそのビールを出荷する貨物用の駅だったという歴史がありました。そのつながりで、エビスビールのCMで利用されていた《第三の男》のテーマ曲が恵比寿駅の発車メロディに採用されました。

《第三の男》のテーマ曲で使われた「ツィター」を演奏している様子（5-3）

▶▶ 音楽だけでストーリーを語ることもある

　音楽を利用した一般的な場面では、登場人物が台詞を喋り、環境の音があり、時には効果音が付加されている状況下で、音楽も付加されます。もちろん、環境音と音楽のみで示される場面や、台詞と音楽だけの場面もあります。場面と場面のつなぎとして、音楽が利用されることもあります。音楽の付加は、作品全体を通してというより、必要な箇所に挿入されるということが一般的です。

　瀬戸内海の小島で暮らす一家を描いた《裸の島（1960）》（**図5-4**）では、作品全般において台詞がなく、環境音と音楽のみが付加されています。音楽は、一家の島での生活を語るかのように流れます。台詞がないので、その分音楽の登場人物の心情や場面の状況を語る役割が大きくなります。

　戦国武将の家督譲渡に端を発する父と3人の息子との確執を描いた《乱（1985）》では、激しい合戦の場面で、合戦の音を付加せず、音楽のみでその場面を描いています。合戦の悲惨で、残酷で、むごたらしい悲劇性を描きつつ、重苦しく、もの悲しい響きを奏でるオーケストラの音楽は、この合戦のむなしさや喪

失感を表現するかのようです。激しい合戦にあるはずの音がないことにより、むなしさや喪失感が際立つ場面になっています。

《裸の島》の一場面（5-4）

生活に必要な水を運ぶ場面

COLUMN　音楽と映像を調和させる方法

　映像に付加する音楽は、映像と調和することが原則です。音楽と映像を調和させるには、音楽と映像の各種のイベントの同期をとることが基本となります。例えば、映像のアクセントに音楽のアクセントを一致させることで、**音楽と映像の調和感**が得られます。映像のムードと音楽のムードを合わせることも有効です。悲しい場面には悲しい音楽、楽しい場面には楽しい音楽を流すことで、音楽と映像が調和します。さらに、音楽が担う意味を映像の意味と一致させることも効果的です。富士山の映像に「あたまを　くもの　うえにだし…」で始まる『富士山（ふじの山）』の音楽を流すと、音楽と映像の調和感が得られます。テーマ曲は、その作品の中で意味を与えられた音楽です。主人公が出てくるときに、テーマ曲を流すことで調和感を得ることができます。それぞれの方法の詳細は6〜9章で説明しています。

5-2
映像作品における音楽の
サウンドデザイン

映像表現を活かす音楽の組み合わせ方

映像作品にどのような音楽を組み合わせるのかは、制作者のセンスにゆだねられますが、定石的な手法もあります。音楽と映像の同期、音楽のムードの利用、テーマ曲の利用などです。ベタな手法ですが、効果的です。

▶▶ 映像作品における音楽の合わせ方：定石的な手法

映像作品に音楽が付加されることは一般的であり、作曲家は監督の指示に応じつつも、自らの感性で映像作品の各シーンに合わせた音楽を捜索します。もちろん、作曲家が創造性を発揮する仕事なので、映像への音楽の合わせ方はそれぞれなのですが、手堅い定石的な手法も存在します（次章以降で詳細に説明しますが、本章では、概要を述べます）。

その一つは、音と映像の時間的構造を一致させる方法で、**音と映像の同期**の手法です。音と映像のアクセントを合わせるように両者を組み合わせることで、簡単に音と映像の一体感が得られます。

音楽がもたらすムードや情感を利用することも有効です。音楽は、それ自体で、「おだやかな」とか「悲しい」といった印象をもたらします。音楽がもたらすさまざまな印象を利用して、映像のさまざまなシーンを演出することができます。

さらに、音楽から解釈できるシンボリックな意味を利用することも、効果的です。音楽は、それ自体は具体的な意味を持ちませんが、イベントなどで用いられる音楽は、そのイベントに関連した連想をもたらします。そのためその連想を引き起こしたいシーンでは、そんな音楽の利用が効果的です。

歌の場合には、歌詞を伴いますから、その歌詞の意味が利用できます。歌詞がそのシーンを表現したものであれば、その歌を組み合わせれば効果的です。だれもが知っている有名な楽曲であれば、楽器の演奏するメロディだけでも、歌詞への連想効果が得られます。

　テーマ曲は、作品の中で音楽にシンボリックな意味を与える手法です。テーマ曲は、作品の中で登場する人物やある特定の状況のイメージを表現する楽曲です。テーマ曲の利用は、場面を盛りあげるのに有効です。テーマ曲は作曲家も力を入れて制作するため、名曲も多く生まれています。映画音楽として知られている楽曲は、主としてテーマ曲です。

▶▶ 音楽が先行する、少し引きずる

　一般的には、ある場面に対して音楽を付加する場合、その場面のどこかで音楽が始まってその場面内のどこかでその音楽が終わります。しかし、まだ前のシーンが終わってないうちに音楽が始まって、その音楽を用いることを意図したシーンが始まることもあります。さらに、音楽が流れる中、別のシーンが始まっても、その音楽が続くこともあります。このように音楽の始まりと終わりを少しねらいとする場面からずらすことで、場面の転換を自然にしたり、印象的にしたりといった効果が得られます。

　こういった始まりと終わりをずらす手法は、音楽だけではありません。環境音でも用いられます。屋内でのシーンでなんの関連もなく波の音が流れてきて、その後海辺のシーンに切り替わるという環境音が先行して流されるという用い方です。さらには、台詞が先行して、次のシーンで喋っている人が登場するということもあります。このような手法においても、突如流れてきた違和感のある環境音や台詞がその後のシーンでその謎が解決されることで、シーンの転換が印象づけられる効果があります。音楽の場合と同じように、環境音や台詞が、次に続くシーンでも続くような演出もあります。

COLUMN　マツケンルンバ

　テレビCMではさまざま音楽が使われますが、視聴者になじみのあるヒット曲のメロディだと印象に残ります。さらに、歌詞が商品と関連づけられるとなお効果的です。コマーシャルソング『マツケンルンバ』は、ビックカメラとコジマが実施したルンバの半額セールのCMにピッタリでした。もちろん誰もが知る『マツケンサンバ』の替え歌です。CMでは松平健本人出演し、おなじみの金ピカの派手な着物でダンサーたちを従えて、「は～ん～が～く～　マツケンルンバ　い～ま～だ～け～　半額ルンバ～」とノリノリで歌い踊ります。いやでも「半額ルンバ」が耳に残ります。

5-3

映像作品における音楽制作方法

音楽はあとから作るのが一般的だが連続ドラマではため録りする

映像作品の音楽には、オリジナルの楽曲を制作する場合もあれば、既成の曲を活用することもあります。テレビの連続ドラマなどでは、いろんな状況で使える楽曲をこま切れに制作して、制作過程の効率化を図っています。

▶▶ 映像作品における音楽の制作方法

映像作品に音楽を組み合わせるさまざまなケースのうち、映像作品に合わせたオリジナルの楽曲（**film scoring**）を作る場合には、作曲家が映像作品に合わせた曲をつくります。この場合には、楽曲を演奏させて、録音することも必要となります。

既成の音楽作品の中に映像作品のイメージに合うものがある場合、その音楽をそのまま利用することもできます。既成の音源がそのまま利用できる場合には、録音の必要はありません。ただし、編曲して利用する場合、音源の権利関係の問題がある場合、オリジナルの曲と音質を合わせる必要がある場合などは、録音が必要となります。バラエティ番組などでは、既成の音源を活用することが多いようですが、そうなると選曲のセンスが問われます。MAにはさまざまなジャンルの音楽に精通した担当者が求められます（歌詞を伴った歌を使う場合には、ダジャレのセンスが問われることもあります：9章参照）。

予算がない場合には、著作権フリーの音源を利用することもできます。オリジナルの楽曲を使う場合でも、無名の作曲家を使って、DTMで制作ということになれば、制作費を押さえても、それなりの作品が作れます（作曲家の能力しだいですが）。

映像作品において音楽を制作し映像に付加する工程は、映像の編集が終わったあとになります。そのため、音楽制作は限られた予算、時間の中で最適化を図ることになります。場合によっては、やっつけ仕事になるような事態も発生しますが、それでもある程度の質を保つのがプロの仕事です。

ただし、作品内に音楽に合わせてダンスを踊るシーンなどがある場合には、音

楽を先に録音して、それを再生しながらダンスシーンを撮影することもありま
す。こういった手法は**プレスコ**と呼ばれています。プレスコとは**プレスコアリン
グ**（prescoring）の略語です。踊りや歌唱の場面が多いミュージカル映画などは、
当然、プレスコが多くなります。

　作品によっては、あえて音楽を使わないという選択肢もあります。鳥が群れを
なして襲ってくる恐怖を描いたヒッチコック監督の《鳥（1963）》は、ピアノの
演奏シーンや子供の合唱のシーンはありますが、背景音楽としての映画音楽はいっ
さい使っていません。この作品では、鳥の群れの鳴き声を、電子楽器**トラウトニウ
ム**（**図5-5**）（シンセサイザの先祖とも言われる存在）を利用して制作し、恐怖感
をあおっています。

　音楽を使わないことにもっとこだわった作品が森田芳光監督の《家族ゲーム
（1983）》です。この作品では、母と息子が一緒にレコードを聴くシーンがあり、『一
晩中踊れたら』の楽曲をかけるのですが、そのシーンをまったくの無音（素の状態）
で描いています。

トラウトニウム（5-5）

鳥の鳴き声を作りだした電子楽器

▶▶ テレビの連続ドラマでは音楽を「ため録り」する

　　テレビの連続ドラマは、1時間のドラマの場合、コマーシャル等の時間を除くと、毎回45分程度の番組となります。通常、3か月程度の期間、45分の番組（民放ではCM等を除いた時間）を毎週放送します。そのためには、トータルで45分×10回程度の番組を制作しなくてはなりません。それに合わせる音楽も、同じ回数分を制作する必要があります。その都度、作曲し録音していたのでは、大変な作業になります。

　　そのため、テレビドラマなどでは**ため録り**と称して、いろんな状況で使える楽曲をこま切れに制作して、制作過程の効率化を図っています。制作の都合上、ドラマの展開が分からない段階で楽曲を制作することもあります。

　　ドラマのテーマ曲は、オープニングのほか、毎回の見せ場にも利用します。さらには、テーマ曲の変奏バージョンも準備して、シーンに応じて使い分けます。帝都大学理工学部物理学科准教授・湯川学が女性刑事の依頼を受け、明晰な頭脳で事件を引き起こした超常現象を科学的に解明するというテレビドラマ《ガリレオ（2007年，2013年）》（**図5-6**）のテーマ曲『vs. ～知覚と快楽の大螺旋～』は、湯川学を演じる福山雅治が作曲した楽曲ですが、そんな使われ方をします。毎回のことですが、湯川は謎の解明の糸口が閃くと黒板のみならず、地面でも、壁でも、ところかまわず（訳の分からない）数式を書きなぐります。そのシーンで必ず、『vs. ～知覚と快楽の大螺旋～』が流れるのです。

COLUMN

番宣でテーマ曲

　　新作の映画が公開されるときや新しいテレビドラマが開始されるとき、出演者がテレビのバラエティ番組に出演して、その映画やテレビドラマのことを宣伝することが通例になっています。こういった宣伝活動を**番宣**といいます。そういった番宣のコーナーで、シリーズ化された映画やテレビドラマの場合には、番宣活動のバックにおなじみのテーマ曲が流されます。終了したテレビドラマのスペシャル編が放送されるときの番宣でも、やはりそのドラマのテーマ曲が流されます。テーマ曲は視聴者にその作品に関する記憶を呼び戻しますから、番宣がより効果的になります。

《ガリレオ》の湯川学と数式（5-6）

　また、シリアスなドラマでも、たいていちょっと抜いたコミカルな場面が挿入されています。そんな場面に合わせた軽いタッチの楽曲も用意され、そんな場面があるときはその曲を利用します。場面の長さに合わせて、曲の長さも調整します。《必殺仕事人》は、依頼を受けて極悪人を処分するという時代劇で、何度かシリーズ化されています。《必殺仕事人》は悪人を成敗するというドラマの性質上、基本的にはシリアスな展開でクライマックスを迎えるのですが、悪人の成敗が終わって何事もなかったかのように家に戻った中村主水を姑と嫁が迎えるちょっとアットホームな場面があります。菅井きんが演じる姑が「婿殿」といびることで人気を得た場面なのですが、この場面に毎回同じ軽快でユーモラスなメロディの楽曲が用いられて、ちょっとホッとする場面になっています。

　北条義時の生涯を描いたNHKの大河ドラマ《鎌倉殿の13人（2022年）》は、壮大なテーマ曲などさまざまな音楽が利用されていますが、ピッチがグリッサンドするボトルネックギターを利用したブルース調の楽曲がたまに用いられます。この曲が用いられるのは、北条義時の姉の政子が源頼朝に色目を使ったり、源頼朝が別の女性に手を出したりの艶っぽい場面や、あるいはちょっと意味深でユーモラス

な場面など、ちょっと「抜いた」場面です。ブルース調のギターの怪しい響きが、ちょっと抜けた雰囲気を際立たせています。時代劇特有のシリアスな場面のなか、こういった抜いた場面の存在を音楽が支えています。

▶▶ 映像作品にクラシックの名曲を利用する

　映像作品における音楽は、入れたいシーンに合わった音楽が求められます。もし、そのシーンにピッタリあった音楽が既成の曲の中にあれば、わざわざ作曲をせずともその曲を利用すればいいわけです。映画やテレビドラマでは、そういった**既成曲**が利用されることも結構あります。西洋クラシック音楽は、多くのバリエーションがあり、心に響く名曲も多いので、いろんな作品で利用されています。また、頻繁に利用される人気曲もあります。

　作品全体をピアノ曲で統一した《そして父になる》では、冒頭の受験場面で流れる『ブルグミュラー25の練習曲 すなおな心』、子供の取り違えを知る場面で『バッハ ゴールドベルク変奏曲 アリア』などのクラシックの既存曲を活用しています。『バッハ ゴールドベルク変奏曲』からは小学校に入学式の場面で『第9変奏 3度のカノン』、『ブルグミュラー25の練習曲』からは新しい子供と打ち解ける場面で『清い流れ』も使われています。

　《ラブポーション No.9（1992年）》は、同じタイトルのヒット曲（オリジナルはクローヴァーズ、後にサーチャーズがカバーしました）に由来して制作されたラブ・コメディ映画ですが、異性を惹きつける「ほれ薬の話」を巡る男女の恋愛のドタバタを描いた物語です。その中で、女性が王子にパーティーに招待された場面で『くるみ割り人形 行進曲』、男性が女子寮に忍び込む場面で『運命』、女性が男性の群衆に追いかけられる場面で『くるみ割り人形 花のワルツ』といったように、クラシックの楽曲が効果的に利用されています。

　ベニスに滞在中のドイツの音楽家がポーランドから来ていた少年の美しさに心を奪われるさまを描いた映画《ベニスに死す（1971年）》では、マーラーの『交響曲第5番より第4楽章 Adagietto』が効果的に使われていました。この曲は何度か登場するのですが、主人公の音楽家が少年の姿を眺めながら浜辺で死にゆくシーンで流れる弦楽器とハープによる穏やかなメロディは、少年の幻想的な映像

と相まって印象的な場面を作りだしていました。この場面では、エンドロールに至るまでたっぷりと音楽を聴かせる演出がされていて、物語の余韻を感じさせます。

　クラシックの名曲はテレビドラマでも広く活用されています。《SP　警視庁警備部警護課第四係（2007〜2008年）》では、警備対象になっている要人がスピーチに現れる場面で『威風堂々』を流し、大物ぶりをアピールします。また、《義母と娘のブルース 2020年謹賀新年スペシャル》では、『剣の舞』がいくつかの場面で利用されて、ドタバタしたドラマにテンポ感をもたらしています。また、《女系家族（2021年）》ではボレロが随所で利用され、独特のムードを醸し出しています。《カンパニー〜逆転のスワン〜（2021年）》は、バレエ劇団のドラマなのでバレエ音楽『白鳥の湖』からの楽曲が背景音楽として活用されています。

　クラシック音楽の場合、既成の音源で目的に合ったものがあれば、そのまま利用しますが、よりシーンにマッチするように編曲することもあります。クラシック曲の場合、著作権の問題は回避できることが多いのですが、演奏音の権利関係が問題になる場合もあるので、別の演奏者で録音することもあります。また、頻繁に利用される楽曲の場合、過去に利用された作品のイメージの影響を考える必要もあります（逆手をとって、そのイメージをパロディ的に利用する手もあるのですが）。

COLUMN　防災無線のメロディが手掛かりに

　防災無線（あるいは防災行政無線）のメロディはそれを管理する自治体によって異なるのですが、そのことがドラマのストーリーに絡むこともあります。《竜とそばかすの姫（2021年）》は、インターネット上の仮想空間と現実の世界のドラマが行き交いするアニメーションです。主人公のすず（インターネット上の仮想空間ではベル）は、インターネットを通して、父親からハラスメントをうけている兄弟を探し当てます。しかし、すずと兄弟が話している現場を父親に見つかって、通信は遮断されてしまいます。

　そのときにそばにいたすずの友人のルカから、会話中に『夕焼け小焼け』と『椰子の実』の2つの防災無線のメロディが聞こえたとの重要な手掛かりを得ます。それぞれメロディを使っている地域の境界が兄弟のいる場所なのです。特定した場所は、会話時の映像から見える景色から推定される場所とも一致します。すずは少年を救うために、兄弟の元へ向かいます。

5-4

映像作品の中で挿入歌を活かす

歌のチカラで感動を高める

　映像作品の中には、挿入歌が使われることもあります。挿入歌の歌詞も、効果的に利用できます。映像作品のヒットにより、挿入歌や歌手が脚光を浴びることもあり、映像作品と挿入歌はwin-winの関係にあります。

▶▶ 映像作品の中で聴かせる挿入歌

　映画によっては、挿入する音楽として、歌を利用することもあります。映画のために新たに歌を準備することもあれば、既存の曲を利用することもあります。映画のヒットに支えられて**挿入歌**もヒット（あるいは再ヒット）するという例も多くみられます。

　結婚式に乗り込んで花嫁を奪い去っていくラストシーンが印象的な《卒業》では、サイモン&ガーファンクルが歌う『サウンド・オブ・サイレンス』『スカボロー・フェア／詠唱』『ミセス・ロビンソン』などを挿入歌として起用しました。この映画がヒットするとサイモン&ガーファンクルの楽曲もヒットチャートを駆け上がり、大スターの仲間入りを果たすことになりました。

　《小さな恋のメロディ（1971年）》は、幼い男女の恋を描いた物語ですが（図5-7）、ビージーズの『メロディ・フェア』『若葉のころ』などの挿入歌が効果的に使われていました。とりわけ、『若葉のころ』は、幼い二人が学校を抜け出してデートを楽しむシーンのムードを演出する挿入歌としてぴったりでした。また、二人の結婚式（ごっこ）のドタバタの後、二人がトロッコで逃げ去るラストシーンで流れるクロスビー、スティルス、ナッシュ&ヤングの『ティーチ・ユア・チルドレン』も印象的でした。

《小さな恋のメロディ》の一場面（5-7）

《小さな恋のメロディ》の一場面（5-7）

　スキー場で出会った男女の恋愛を描いた《私をスキーに連れてって（1987年）》は、松任谷由実の『サーフ天国、スキー天国』『恋人がサンタクロース』『A HAPPY NEW YEAR』『ブリザード』といった曲を挿入歌として利用しています。当時のトレンディな若者の世界を描くのにユーミンの曲はピッタリでした。『サーフ天国、スキー天国』は、冒頭に主人公がスキー場に向かう場面で流れるとともにエンディング・ロールでも流れました。『恋人がサンタクロース』は、その後広く浸透し、クリスマスの定番曲となりました。

　サザンオールスターズの桑田佳祐が監督を務めた《稲村ジェーン（1990年）》では、当然ながら『真夏の果実』などのサザンオールスターズの曲をたっぷりと聴かせてくれます。ちょっとユニークなサウンドを楽しませてくれたのは、和田弘とマヒナスターズのカバーで原由子がムーディに歌う『愛して愛して愛しちゃったのよ』でした（演奏者名のクレジットは「原由子＆稲村オーケストラ」）。

▶▶ 挿入歌をストーリーに活かす

　挿入歌を利用する場合、その曲調が映像の雰囲気とマッチすることは基本ですが、タイトルや歌詞も、映像内容と関連付けると効果的です。

　《アバウト・タイム〜愛おしい時間について〜（2013年）》は、主人公のティムが**タイムスリップ**をする能力を持ち、自分の恋愛や家族の幸せのためにその能力を使う物語ですが、挿入歌を多用した映画です。タイムスリップもののよくある展開として、同じ場面が複数回出てくるという特徴があるのですが、そこでの音楽の聴かせ方がユニークです。欧米では時計の針が1月1日午前0時を指した瞬間に「新しく迎える年が愛に満ちあふれたものになりますように」という希望を込めて「年越しのキス」をする習わしがあり、この映画の冒頭にそんなカウントダウンのパーティーが描かれています。このパーティーでティムは妹とキスをしようとするのですが、タイミングがうまく合わず失敗します。そのあと、流れた曲が『オールウェイズ・ラブ・ユー（I Will Always Love You)』ですが、その熱唱がむなしく聞こえます。しかし、父から自分にタイムスリップ能力があることを告げられ、ティムはカウントダウンのパーティーの時間に戻り、見事に「年越しのキス」に成功します。そして、また『オールウェイズ・ラブ・ユー』の熱唱が流れます。今度は成功を祝福するかのように、歌声が高らかに響き渡ります。タイムスリップものでは、同じ音楽を異なる意味合いで利用できるのです。

　ティムはメリーと付き合い、一緒に暮らすことになるのですが、その暮らしぶりを示す映像とともに『How long will I love you?』という曲が流れます。彼らが利用する地下鉄の駅のストリート・ミュージシャンがこの曲を奏でているのです。また、ティムはメアリーとの結婚式に流す曲としてイタリアのカンツォーネ『イル・モンド』を選び、実際にその曲が流れます。この曲はスケールの大きなバラードで、朗々と歌声が流れますが、外は大雨になり、テントを張って行っていた屋外のパーティーも、テントがくずれてみんなずぶ濡れになり、「てんやわんや」な状況になります（図5-8）。そして、父の葬儀のあとには、彼が望んだ『Into My Arms』という曲が流れます。

《アバウト・タイム》のずぶ濡れの場面（5-8）

結婚パーティーの最中に大雨になる

　《ブリジット・ジョーンズの日記（2001年）》は、32歳になったロンドンの出版社で働く女性主人公ブリジット・ジョーンズと二人の男性との恋愛を描いたラブ・コメディですが、多くの挿入歌が効果的に使われています。母親に勧められた幼馴染のマークとうまくいかなかったあと、一人で過ごすときに『All by myself（あたしは独りぼっち）』のメロディが流れます。主人公が熱唱したり、ギターを弾いたり、ドラムを叩いたりのジェスチャーをしながらなので、特に印象に残ります。また、母からテレビ・ショッピングの司会者といい仲になっていることを聞かされた場面では、不倫関係の男女のことを描いた『Me and Mrs. Jones』が流れます。上司のダニエルとの失恋の場面では、自らチャカ・カーンの『I'm every woman（私は全知全能の女）』を流します。そして、一人で生きていくことを決心し、出版社をやめ、テレビ局に職を得ます。

　また、マークから告白を受ける場面では、まだ終わっていない恋心を歌う『Someone like you（あなたのような誰か）』が流れるというように、挿入歌の内容がストーリーと寄り添って、挿入歌が効果的に使われています。その後、ブリ

ジットを巡ってマークとダニエルが格闘する場面があるのですが、そこでは『It's raining man』という曲が流れます。ブリジットに「雨が降ってくるかのように、男が降ってくる」という状況を暗示するのでしょう。また、格闘している男が飛ばされて降ってくるという状況も意味するものとも読み取れます。そして、マークに対する誤解が解け、彼のいるパーティーへ自動車で向かうときに『Ain't No Mountain High Enough』が流れます。この曲は「どんなに遠く離れていても、あなたのもとに行く」という内容の曲なので、この場面にピッタリです。マークは、一度は別の女性とアメリカに行くのですが、イギリスに戻ってきてブリジットと結ばれます。そして再び『Someone like you』で物語は終わります。

 COLUMN 歌手が出演する映画の挿入歌

　歌手が映画やテレビドラマに出演することも結構ありますが、その歌手の歌を挿入歌として利用するようなこともあります。《極道の妻たちⅡ　(1987年)》では、和田アキ子が歌う『抱擁』をエンドロールで流していますが、和田アキ子は教師役としても出演しています。そして、元やくざの男が娘を乗せてダンプカーで砂浜を走り回る場面でも、挿入歌として『抱擁』が流されます（この場面では和田アキ子は出ていませんが）。

第5章　映像メディアにおける音楽の役割

▶▶ テレビドラマの挿入歌は2度おいしい

　テレビドラマで挿入歌を利用する場合には、テレビ局がレコード会社と**タイアッ
プ**して人気のミュージシャンを起用することもあります。ドラマも話題になり、
ミュージシャンの側もヒットを狙えるという、タイアップは両者にメリットがあり
ます。実際に、CDが音楽メディアの主流だった時代の話ではありますが、タイアッ
プで多くのミリオン・ヒットを生み出しました。

　1980年代後半から1990年代前半のバブル景気の前後に制作された、都会に
生きる男女の恋愛やトレンドを描いた日本のテレビドラマをトレンディドラマと呼
び、多くのドラマが人気を呼びました。そして、そのころ日本国内ではヒット曲の
多くをドラマ主題歌が占めるという現象もおこりました。『ラブ・ストーリーは突
然に』（小田和正、《東京ラブストーリー（1991年)》)、『SAY YES』（CHAGE
& ASKA、《101回目のプロポーズ（1991年)》) などが代表的な楽曲です。

　今は昔ほどにはCDが売れることはないのですが、知名度も上がるのでミュージ
シャン（特に駆け出しのミュージシャン）にとって、ドラマの挿入歌（オープニン
グやエンディングも同様ですが）はおいしい存在です。さらには昔のヒット曲が挿
入歌に利用されて再度注目を浴びることやドラマのパロディとしての利用もあるの
で、2度3度おいしいこともあります。

　アニメーションで使用される主題歌、挿入歌などのアニメソング（アニソン）へ
の利用も、知名度を上げるのには、いいチャンスです。特に、長寿番組になると、
よりおいしいですね。

サザンオールスターズで描く若者の物語

　4流大学に通う3人の男子大学生を中心にストーリーが展開するテレビドラマ《ふ
ぞろいの林檎たち（1983年)》では、挿入歌として『いとしのエリー』『いなせなロコ
モーション』など多くのサザンオールスターズの楽曲を用いています。若者の生態を
描くこのドラマには、若者に人気のあったサザンオールスターズのサウンドがピッタ
リで、サザンのサウンドがこのドラマの雰囲気を作りあげていました。

第**6**章

音と映像の同期の効果：
シンクロのチカラを活かす

映像に組み合わせる音楽制作の手法もいろいろとあります
が、その一つが、映像のアクセントや動きに同期させて、リズ
ム・パターンやメロディ・ラインを付加することです。音と映
像の時間構造を同期させることにより、映像で表現された対
象の動きをなめらかにしたり、動きにアクセントを与えたり、
強調したりすることができます。さらに、音と映像の同期は、
音楽の構造の理解を助ける効果もあります。

映像の動きに音を同期させて組み合わせる手法は、ディズ
ニーのアニメーションで多用されてきました。そのため、ディ
ズニー・アニメの人気者であるミッキーマウスの名前を借りて、
音と映像を同期させる手法は「ミッキーマウシング」と呼ばれ
ています。

6-1

映像作品では音と映像の同期の効果が最大限活用されている

映像作品を印象的にする音と映像のシンクロのチカラ

音と映像を同期させる手法は、映像作品では広く効果的に活用されています。映像の動きやアクセントに同期した音楽で、映像表現が効果的に伝わります。音楽に同期した映像の動きで、音楽表現の理解も深まります。

▶▶ ミッキーマウシング＝音と映像の同期

映像に組み合わせる音楽制作の手法もいろいろとありますが、その一つが、映像のアクセントや動きに同期させて、リズム・パターンやメロディ・ラインを付加することです。音楽と映像の時間構造を同期させるのです。音と映像を同期させることにより、映像で表現された対象の動きをなめらかにしたり、動きにアクセントを与えたり、強調したりすることができます。

その効果を実感できるのがディズニーのアニメーション作品です。ディズニーは、最初のトーキーアニメ映画《蒸気船ウィリー》の時代から**音と映像の同期**の効果に着目し、それにこだわった音作りをしています。同期の効果を実現するために、最初に**バーシート**と呼ばれる音楽の小節ごとの区切りを設定し、拍節構造に合わせてアニメの動きをデザインする手法を用いているのです。

ディズニーのアニメーションに《ファンタジア（1940年）》という、クラシックの名曲にアニメーションをつけた作品（作品集）があります。この作品は今でも十分楽しめるだけのクオリティを持っています。どの曲の作品においても映像と音楽が絶妙にマッチしていますが、各作品で音と映像の同期の効果（シンクロのチカラ）が実感できます。《ファンタジア》の中の『魔法使いの弟子』では、弟子役のミッキーマウスが憶えたばかりの魔法を使ってほうきに水くみをさせるのですが、登場するキャラクタの動きが音楽とみごとに調和しています。そして、音楽が映像の動きにピッタリと合って、物語が進行します。ミッキーの動きのアクセントも、これと同期した音のアクセントで自然に捉えることができます。さらに、この

作品では、映像の動きが、音楽の構造の理解を助けることも実感できます。ミッキーの動きに注目することで、メロディ・ラインを鮮明に聴きとることができるのです。映像の動きが、音楽構造の理解を助けてくれます。

　映像の動きに音を同期させて組み合わせる手法は、ディズニーのアニメーションで多用されてきました。そのため、ディズニー・アニメの人気者であるミッキーマウスの名前を借りて、音と映像を同期させる手法は**ミッキーマウシング**と呼ばれています。ミッキーマウシングは、アニメにリアリティを与え、観ている人を引き込むのに効果的です。

　また、《トムとジェリー》などの別の会社のアニメーション作品でも、ミッキーマスシングと同様の手法が用いられています。「仲良くケンカする」トムとジェリーのドタバタ劇のコミカルな雰囲気は、音と映像の同期によって支えられているのです。

▶▶ 効果音も映像と音楽の同期に加わって楽しくノリノリ

　ディズニーは、さらに、映像のアクセントに対する同期アクセントとして、効果音を添えるという手法も利用しています。この手法は、コミカルな動きを演出するのに効果的です。《サンタのオモチャ工場（1932年）》という作品で、その典型例を見る（＋聴く）ことができます。おもちゃ工場のラインで出されるさまざまな作業音が、この映像に組み合わされた音楽と同期して、リズム楽器のように鳴り響きます。制作時に用いるバーシートには、効果音のタイミングも記入されています。この作品は子供向きのもので、リズムに乗せ、いかにも楽しげな世界に引き込み、飽きさせないように工夫をこらしているのです。

　ミュージカル映画の《ダンサー・イン・ザ・ダーク（2000年）》（図6-1）でも、工場内の機器の動作音が音楽のように鳴り響く場面があります。この音に合わせて、工場で働く登場人物たちが、ミュージカル映画らしく、歌い、踊ります。音楽と効果音の組み合わせの表現において、音と映像の同期の効果がみごとに活かされています。この作品は主人公が殺人罪の濡れ衣を着せられて絞首刑になるという重い内容をあつかったものですが、ここは明るく楽しい場面になっています。

　ウォルト・ディズニーは、サイレント映画からトーキーの時代になって、音と映像のシンクロのチカラを実感したのでしょう。映像の動きと同期して音が記録できる技

第6章　音と映像の同期の効果：シンクロのチカラを活かす

術を最大限活かす手法を編み出し、活用したのです。ディズニー映画の音楽の使い方は、その後、多くの映像作品に影響を与えてきました。ただし、ミッキーマウシングの効果はディズニーのイメージが強すぎるため、その手法を敬遠し、作曲家に「お願いだからディズニーのようにしないでくれ」と懇願する監督もいました。観客が自分の映画を見て、ディズニーのイメージを持たれることを嫌ったのでしょう。

《ダンサー・イン・ザ・ダーク》の一場面（6-1）

▶▶ 実写の映画でも音と映像の同期は効果的

　実写の映画でも、音と映像の同期手法は、頻繁に用いられてきました。トーキー映画が始まったころの映画では、効果音の代わりに音楽で登場上人物の動きにアクセントをつけることも多く、動作のタイミングに合わせたメロディが利用されることもありました。特に、アクセントをつけたいタイミングで、音楽が「ジャーン」と鳴るような構成は、そのシーンを印象づけるのに効果的です。

　列車内での殺人事件の謎を描いた《オリエント急行殺人事件（1974年》では、犯人が人を刺すタイミングに同期して音楽が「ジャン」と鳴り、その場面を印象付けます。この事件は被害者に恨みをいだく人たち（複数）が犯人なのですが、そ

れぞれの人が刺すごとに音楽はタイミングを合わせて「ジャン」と鳴ります。

　流れ作業の工場で働く労働者を風刺的に描いたチャーリー・チャップリンの《モ
ダンタイムズ（1936年）》では、工場で働く労働者の作業とその背景音楽の間に、
アニメーションのような同期の効果が使われています。流れ作業の労働者の動きに
ピッタリ同期したテンポの音楽が、休みなく働く労働者の姿をうまく表現していま
す。最近の映画でも、同じような音と映像の同期を利用したシーンは見受けられます。

　また、短いシーンの切り替え時に、シーンの切り替えと音楽の拍節構造の切れ
目のタイミングを一致させるという手法も用いられます。音と映像の同期の効果
で、シーンの切り替えが印象的になります。4人の若き女性のエピソードを描いた
《4.3.2.1（2010年）》では、各女性のエピソードの切れ目に、回想シーンでのこ
ま切れカットが挿入されますが、そこでこの手法が用いられています。

　ドキュメント的な映像でも、シーンの切り替えと音楽の拍節構造の切れ目のタ
イミングを一致させるという手法は効果的です。《工場幻想曲（2006年）》（図
6-2）というひたすら工場を映す作品で、この効果が使われているシーンがありま
す。音と映像の同期の効果によって、単調な映像でも（マニアの人が見たら映像
だけでも飽きないかもしれませんが）飽きさせない演出になっています。

《工場幻想曲》（6-2）

ひたすら工場の映像が流れる　　　　　　　　　　　日本メディアサプライ

第6章　音と映像の同期の効果：シンクロのチカラを活かす

6-2

音と映像の同期の効果の
適用範囲は広い

視覚情報と聴覚情報のシンクロの効果は幅広く利用されている

ライブ演奏やダンスなどのパフォーマンスにおいても、アクションと音楽の同期が効果的なことが実感できます。ミュージックビデオ、メディアアートなどでも音と映像の同期の効果が利用されています。

▶▶ ライブやミュージックビデオでの映像と音楽の同期

ライブ演奏における演奏者のアクションにも、ミッキーマウシングと同様の効果があります。ロック・バンドのギタリストの動きを思い浮かべてみてください。「ギューイーン」と音を引き伸ばすときに大きくのけぞってみたり、口を馬鹿みたいに開いてみたり、しゃがんでみたり、エンディングのコードを弾くときに飛び上がってみたりと、激しいアクションをしながら演奏します（図6-3）。こんなアクションは、音楽的には、まったく無意味です。ギターの教則本にも、そんな弾き方は書いていないでしょう。しかし、聴衆を熱狂のるつぼに巻き込むためには非常に効果的です。演奏と同期したアクションによって、音のノビや迫力が違って聴こえるから不思議です。

> COLUMN
>
> ### ディズニーは監督と作曲家を一緒に作業させた
>
> ウォルト・ディズニーは、トーキー・アニメーションを作り始めた時から音と映像の同期の効果を重視していました。そのため、初期のディズニー社のアニメーション制作では、監督と作曲家が同一の部屋にいて、一緒にアイデアを練っていました。部屋にはピアノもあり、その場で作曲家が曲のアイデアを監督に聞かせることも可能でした。作曲家と監督は、この部屋で作品全体のアウトラインを考え、バーシートを使って音と映像を同期させていたのです。

大きくのけぞり，口を開いて演奏するギタリスト（6-3）

演奏と同期したアクション
が音のノビを生み出す

　すでに紹介したように《ダンサー・イン・ザ・ダーク》のようなミュージカル映画は、必ず歌やダンスの場面があります。ミュージカルは歌とダンスをみせるエンターテインメントなので、映像化しても、必ず登場人物が歌い、踊る場面があります。もともとダンスは、音楽と合わせて動きをつけるものなので、音と映像の同期が効果を発揮するコンテンツです。ディズニーのアニメーションにもミュージカル作品が多くあり、踊りのシーンも多く楽しめます。ミュージックビデオが一般に広まるきっかけとなったマイケル・ジャクソンの《スリラー（1982年）》も、マイケル・ジャクソンらのダンスを映像化したものです。映像コンテンツにおいても、ダンスは音と映像の同期の効果を実感させるエンターテインメントなのです。

　ミュージックビデオは、主に販売を促進するために制作されていますが、音と映像の同期の手法は、効果的に活用されています。ミュージックビデオは音楽が主役なので、音楽が細切れにされることはありません。音楽の拍節構造に合わせて、映像のカット割りを行うことになります。そのため、音楽のアクセント構造と映像

のアクセント構造が同期して、心地よいリズム感を得ることができます。また、曲調がガラッと変化するタイミングでショットも同時に変化させることで、曲調の変化を印象づけることができます。岡崎体育の《MUSIC VIDEO（2016年）》（図6-4）では、「音楽と映像が 毎回 絡まりあい 手を取り合い ドンピシャのタイミングでパン」と音と映像の同期の効果をネタにして、愉快でパロディックなミュージックビデオを制作しています。

岡崎体育《MUSIC VIDEO》のミュージックビデオの一場面（6-4）

ミュージックビデオのパロディ的作品

　YOASOBIの《夜に駆ける（2019年）》やAdoの《うっせいわ（2020年）》は、インターネット配信したミュージックビデオが人気を得て大ヒットしました。両者のミュージックビデオの映像は、魅力的ではあるのですがそれほど動きのないアニメーションと歌詞のテロップを組み合わせたものでした。特に、Adoの『うっせいわ』は、大部分は動かないイラスト画を利用して、画面を揺らして動きを出すような演出をしています。YOASOBIの『夜に駆ける』も、少し動きを加えてはいますが、やはり基本はイラスト画です（図6-5）。映像表現は単純なものですが、音楽と組み合わせるときに、音楽の拍節構造に合わせて画像を切り替えたり、過激なフォントの歌詞を出したりして、音と映像のアクセントの同期の効果を有効に利

用した演出になっていました。この種のミュージックビデオを作品として成立させているのは、音と映像の同期の効果によるものと言えるでしょう。

YOASOBIの『夜に駆ける』のミュージックビデオの一場面（6-5）

　メディアアートと呼ばれる芸術ジャンルでは、映像メディアをより自由な発想で活用してさまざまな作品を生み出していますが、そんな新しいジャンルにおいても、音の効果は欠かせません。とりわけ、抽象的な映像を多用するメディアアートにおいて、音と映像の同期の効果は、作品に一体感を与えるために有効に活用されています。メディアアートの中には、視聴者の動きを取り入れて映像が変容するインタラクティブな作品も多く制作されていますが、そんな作品でも音と映像の同期の効果は有効です。

▶▶ 環境音や効果音でも同期の効果は活用される

　環境音や効果音においても、音と映像の同期の効果が有効に活用されています。画面に音源が見えるような条件だと、音を発する対象が発音するタイミングで音が聞こえないと、逆に不自然です。画面に映っていない環境音のタイミングが、映像の中の対象と同期する必要はないのですが、環境音に演出意図がある場合には、

そのタイミングも演出されたものになります。例えば、ある人物が受ける心理的ショックに合わせてカミナリが鳴るとかいった場面では、ショックを受けたときにカミナリを鳴らす必要があります。タイミングがずれると、カミナリの音の効果が十分に得られません。

　効果音（ムード強調音）を心理的ショックに用いる場合も同様です。カミナリの場合と同様、心理的ショックに同期させて効果音を付加します。カミナリの音はずれても環境音として許容されますが、効果音はずれると雑音にしかなりません。

　動きにリアリティを与える場合の効果音も同様です。人や動物の動きに合わせて付加される効果音、テロップの出現に合わせて付加される効果音、映像の切り替えパターンに合わせて付加される効果音など、いずれも映像の動きと効果音の出現や変化が同期することによって、効果音の効果が発揮されるのです。

COLUMN　音と映像の同期の許容限界

　テレビでは、視聴者に音と映像が届くまで、さまざま情報伝達の経路を経ることになります。特に、ロケ地からの生放送では、経路はより複雑です。そのため、いろんな時間遅れが生じます。音と映像が同じ時間の遅れなら問題はないのですが、音と映像が別の経路を伝わったりするので、遅れ時間に差が出てしまいます。こうなると、音と映像の同期が乱されてしまいます。特に、人間が喋っている映像の場合、口の動きと声との同期（**リップシンク**）の乱れが気になってしまいます。

　同期の乱れに対して、どのぐらいの時間が許容限かというと、音が映像よりも進んでいる場合には90ミリ秒程度、音が遅れている場合には180ミリ秒程度といわれています。人間の感覚は、音が進んでいるときには結構シビアに同期を判断するのですが、音が遅れているときは割と許容範囲が広いのです。同様の問題は、アフレコ（後から台詞を録音する）をする場合や**ロパク**（あらかじめ録音している歌に合わせて歌うふりをする）を行う場合にも起こります。

第 7 章

音楽が醸し出す
さまざまなムードの利用

　音楽を聴いたとき、楽しさ、悲しさ、力強さなど様々なムードや情感を感じることができます。音楽が醸し出すムード、情感を利用して、ストーリーを語らせる映像作品もたくさんあります。映像作品を視聴するとき、私たちは映像を見ながらストーリーを読み解いています。このときに聞こえてくる音楽から受け取る印象が、ストーリーの解釈に影響を及ぼすのです。映像から読み取った解釈と音楽から感じられる印象が心の中で共鳴して、ストーリーが組み立てられるのです。

　音楽が醸し出すムードの利用は映像に寄り添うことが一般的です。ただし、常に音と映像のムードが一致し続けていては、単調な映像作品になり、視聴者は退屈してしまいます。作品の展開にメリハリをつけるために、意図して音と映像のムードが一致しない組み合わせの場面を挿入することもあります。

7-1
音楽が映像作品のムードを作りだす

音楽を変えると映像作品のムードが変わる

音楽が醸し出すさまざまなムードは、映像作品の中で効果的に利用されています。多彩な音楽的表現を活用して生み出されるさまざまなムードや情感が、映像作品の中で物語を紡いでいくのです。

▶▶ 音楽のムードでストーリーを語る

音楽を聴いたとき、うきうきしたり、悲しい感じがしたり、テンションがあがったりと、様々なムードや情感を感じることができます。**音楽が醸し出すムード**、情感を利用して、映像を語らせる作品もたくさんあります。音楽のもたらす安らかなムード、緊張感といったものが、登場人物の気持ちを代弁したり、場面の状況を説明したりするのです。

長調とか**短調**といった**調性**の違いは、映像の場面の印象を決める重要な要素です。長調で構成されたメロディは「陽気な」印象、短調のメロディは「悲しい」印象をもたらします。音楽を組み合わせた映像の印象は、音楽の印象に影響を受けて、同様の印象に感じられます。長調のメロディを組み合わせた映像は陽気な感じに、短調のメロディを組み合わせた映像は悲しい感じの印象になります。

《スノーマン（1982年）》（図7-1）のように、せりふはいっさいなく、音楽のチカラでストーリーを展開するアニメーションもあります。《スノーマン》の最初の部分に、少年が目覚めて、雪が積もっていることを見つけ、外に飛び出してはしゃぎまわる場面があるのですが、少年のうれしそうな様子が音楽で表現されています。

《スノーマン》の一場面（7-1）

音楽でストーリーを展開する

▶▶ 音楽を変えると映像のムードががらりと変わる

　同じ映像を見ていても、音楽を変えると、映像から感じられる印象がガラッと変わります。短調の音楽だと陰気な感じの映像が、長調の音楽に変えるだけで陽気な感じになります。長調の印象は楽しい印象をもたらし、陽気な状況を表現するのにぴったりです。短調の音楽は悲しい印象を醸し出し、悲愴な状況を表現するのに効果的です。アクロバット飛行を行う戦闘機の映像に長調の音楽を組み合わせたときには航空ショーの様子を普通に楽しめますが、短調の音楽に切り替えると飛行シーンに悲愴感が漂い、戦闘機が墜落しそうな予感がして心配になってしまいます。

　また、音楽の**テンポ**は、音楽及びその音楽を組み合わせた映像シーンの力動感に作用します。音楽の印象は、テンポが速いほどより「白熱した」、テンポが遅いほどより「淡々とした」印象になり、音楽の印象がそのまま映像シーンの印象に反映されます。映像シーンの印象は、音楽のテンポが速いと「白熱した」方向、テンポが遅いと「淡々とした」方向に変化します。ゆっくり散歩する場面にはテンポの遅い音楽、急いで走り回る場面にはテンポの速い音楽が、その場面のムードを的確に表現します。

　メロディの各音の長さを短くして、**スタッカート**の表現をつけたときには、音楽

の印象は「軽やか」になります。そして、組み合わせた映像シーンの印象も「軽やか」になります。逆に、音の長さを長くして、**レガート**の表現をつけたときには、音楽は「重々しい」印象になります。組み合わせた映像シーンも「重々しい」印象に変化します。「軽やか」「重々しい」といった印象には音楽のテンポの効果も大きく作用します。テンポが速いと「軽やかな」、テンポが遅いと「重々しい」印象をもたらします。組み合わせた映像シーンの印象も、このような音楽の印象が反映されます。

　朝靄の中で人々が自転車に乗って人々が行き交う映像シーンに、テンポが速く、スタッカートの表現を用いた「軽やか」な音楽を付加したときには、活動的な街の風景に見えます。しかし、同じ映像でも、テンポが遅く、レガートの表現を用いた「重々しい」音楽を付加したときには、自転車をこぐ人々の足取りが重々しく感じられます。

　映像作品を視聴するとき、私たちは映像を見ながらストーリーを読み解いています。このときに聞こえてくる音楽から受け取る印象が、ストーリーの解釈に影響を及ぼすのです。映像から読み取った解釈と音楽から感じられる印象が心の中で**共鳴**して、ストーリーが組み立てられるのです（図7-2）。音楽には、映像内容の解釈の方向を決定（**印象操作**）するチカラがあるのです。映画の予告編で、「全米が泣いた」とかのベタなキャッチフレーズが使われることがありますが、実は音楽で泣かされているのです。

 繰り返しの効果

　音楽には、単純なメロディやリズム・パターンをしつこく繰り返す手法が用いられることがあります。このような手法を**オスティナート**（イタリア語で「執拗な、頑固な」の意味です）といいます。現代音楽の分野で流行した**ミニマル・ミュージック**と呼ばれるジャンルも単純なメロディやリズム・パターンを繰り返すという意味では共通しています。映像に合わせる音楽には、オスティナートやミニマル・ミュージックの手法はよく用いられます。特に、何かに向かって突き進む場面とか、次第に緊張感が高まってくる場面とかで、心理状態の高まりを演出するのに繰り返しの手法は効果的です。

映像作品のストーリーに及ぼす音楽のチカラ（7-2）

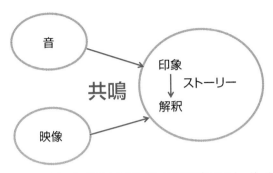

映像から読み取った解釈と音楽から感じられる印象が心の中で共鳴してストーリーが組み立てられる

2020年のアメリカ大統領選挙の真っただ中、トランプ大統領（当時）は新型コロナウイルスに感染しました。彼はワシントン近郊にある軍の病院に入院して治療を受けていましたが、入院からたった3日で退院しました。この時に、ヘリコプターに乗って病院からホワイトハウスに戻る様子を撮影した動画が公開されました。この動画には、まるで映画音楽のようなドラマティックな音楽が加えられていました。この音楽によって、この場面はあたかもヒーローがヘリコプターから降り立ったかのような場面に見えてしまいます。「トランプ大統領はアメリカを守る偉大なヒーローである」と思わせる演出です。ここまでやると、音楽が映像のイメージを形成することを利用した選挙戦略と言えるでしょう。音楽の印象操作するチカラを利用したのです（その甲斐なく、落選してしまうのですが）。

映像のムードと音楽のムードを一致させる

映像と音楽のムードを合わせると両者は調和する

　陽気な場面に陽気な音楽を組み合わせるように、映像作品においては、映像と音楽のムードを一致させることが基本です。時々刻々変化する映像のムードに音楽のムードを合わせることで、物語がドラマティックに展開します。

▶▶ 映像のムードと音楽のムードを合わせる効果

　音楽のムードを用いる手法の基本的な用い方は、**映像のムード**と音楽のムードを合わせることです。映像のムードと音楽のムードを合わせることで、自然な感じで音と映像の調和感が得られます。映像が表現するエネルギに組み合わせる音楽が表現するエネルギを対応させることも基本となります。

　韓国映画《猟奇的な彼女（2001年）》（図7-3）（誤解を与えかねないタイトルですが、内容は心温まるラブ・コメディです）の主人公のカップルが脱走兵と関わる場面は、映像シーンと音楽のムードの一致の効果を実感させてくれます。カップルを取り巻く状況と登場人物たちの気持ちのめまぐるしい変化に合わせて、音楽のムードが次々と展開していきます。最初、主人公カップルの男性が脱走兵に捕らえられ、追っ手の軍隊に取り囲まれる緊張感あふれるシーンでは、重苦しい音楽が流れます。男性と脱走兵が足早に移動すると、その動きに合わせて音楽のテンポも速まります。そして、カップルの女性が現れて涙ぐみながら脱走兵を説得するシーンになると、ピアノがしんみりとしたメロディを情感たっぷりに奏でます。脱走兵が女性の説得に応じて投降し、一難去った後、カップルの女性が男性の言動を問い詰めて平手打ちをくらわすシーンがあるのですが、ユーモラスな音楽でほっとさせてくれます。音楽は、映像のムードと調和して、観客をぐいぐいと物語に引き込むパワーの源として機能しています。

音楽の効果が実感できる《猟奇的な彼女》の一場面（7-3）

主人公カップルが脱走兵と関わる場面：映像に寄り添う音楽が流れる

ディズニーの《ファンタジア》が音と映像の同期の効果を実感できる好例であることを述べましたが、多くの作品で**音と映像のムードの一致**の好例にもなっています。『禿山の一夜』では、陰気で緊張感のある音楽と映像が組み合わされて、作品全体を通して不気味な雰囲気をかもし出しています。『威風堂々』では、音楽がのんびりとした印象から、スピード感、緊張感が出てきて、最後に陽気な印象に変化するのですが、音楽の印象の変化は映像のシーンの印象の変化とぴったりとマッチしています。

《翼よ! あれが巴里の灯だ（1957年）》は、リンドバーグの大西洋横断飛行を描いた伝記映画で、アメリカのニューヨークからフランスのパリへの飛行の様子が描かれています。その映画の中で、主人公のパイロットが長時間の飛行のため疲労こんぱいで意識がもうろうとなり、睡魔と戦っている様子を音楽で表現しています。睡魔がおそってくる様子は、ゆらゆらとゆりかごが揺れるようなメロディの繰り返しで描かれています。そして時折挿入される弦楽器群の下降系のメロディで、パイロットが睡魔に負けそうになる様子が描かれます。しかし、そのあとに挿入される金管楽器の刺激的な音色の上昇系のメロディで寝てはいけないと睡魔にあら

第7章　音楽が醸し出すさまざまなムードの利用

がって必死で目を開こうとするパイロットの気持ちも音楽で表現されています。

▶▶ 映像と音楽のテンポを合わせて速度の変化を表現する

　音楽のテンポは**速度感**を表現する重要な要素でもあります。急いで移動するときにはテンポを速め、ゆっくりと移動するときにはテンポを遅くして、音楽と映像の速度感を合わせます。その手法を使って、疲れて速度を落としたり、ガス欠で自動車が止まったりといった場面を音楽で印象的に表現できます。

　《ニューシネマパラダイス（1988年）》の急いでフィルムを映画館に届ける場面で、そんなテンポの効果が使われています。フィルムを運ぶ自転車がひた走る様子の映像では、車輪が回転することを連想させるようなピッチが上下するフレーズが速いテンポで繰り返されます。しかし、こぎ手がだんだんと疲れてきて、自転車の速度が落ちてきます。それにつれて、音楽のテンポも遅くなり、速度が落ちてきた様子が明確に伝わります。

　《卒業》の主人公が愛する人を奪い返すために自動車で結婚式に向かう場面でも、音楽のテンポを変える手法が用いられています。自動車を軽快に飛ばす場面では、アコースティックギターでコードを軽快に刻む音楽がテンポよく流れます。しかし、途中でコードを刻むテンポがゆっくりとなります。ガソリンがなくなり、自動車が止まってしまったのです。自動車が止まってしまう様子を音楽のテンポの変化が物語っているのです。

　《BABY BABY BABY（2009年）》は、出産をめぐるドラマですが、主人公の出産シーンで音楽のテンポの効果をうまく利用しています。妊婦の主人公が、出産直前に赤ちゃんの父親に打ち明け話を語りかけます。その語りの場面で、ピアノの甘いメロディが流れて、二人はいいムードにひたります。ところが、ピアノのメロディがエフェクタによってテンポが下げられ、ピッチも低下して打ち切られ（アナログのテープレコーダの速度を途中から落としたような音の変化）、女性の産科医に「はいはいはいはいはいはいはい、そんな長い話をしている場合じゃないのよ、今は」と注意されます。ムーディな愛を確認しあう二人だけの世界から現実に引き戻す場面の変化が、音色の変化を伴うテンポの変化で表現されているのです。

7-3
映像のムードと音楽のムードをずらせる

音楽のムードで展開を予測させ、そして裏切る

音楽のムードを映像のムードから少しずらすことも効果的です。何気ない日常生活の場面で不穏な音楽が聞こえてくると、何か悪いことが起こりそうな予感がします。それを逆手にとって、何ごともおこらない展開も印象的です。

▶▶ 音楽のムードで結末を予告する

音楽がかもし出すムードの利用は映像に寄り添うことが一般的です。ただし、常に音と映像のムードが一致し続けていては、単調な映像作品になり、視聴者は退屈してしまいます。作品のメリハリをつけるために、意図して音と映像のムードが一致しない組み合わせの場面を挿入することもあります。音と映像のムードを少しずらすことも効果的です。

音と映像のムードを少しずらす手法の一つが、**予告的手法**とでもいうテクニックです。次に来る場面が予測できるような音楽を前もって流すのです。今は、幸せだけど、次に、不幸せな結末が待っているとき、楽しげな音楽が流れている幸せなシーンの後半に、悲しげな音楽を流します。この手法では、視聴者にある程度、予感を持ってもらった上で、ストーリーを展開するのです。

予告的手法はホラー映画などで、よく用いられています。日常何気ないシーンが展開されていたときに、何だか不気味さを感じさせる音楽が流れます。普段と変わりなく主人公が立ち寄った友人宅で、主人公が見たものは……。ここで、ショッキングな不協和音のフォルティシモ！！！そして、友人が血を流して倒れていた……という展開です。よくあるパターンですが、恐怖感を煽るのには効果的な手法です。

▶▶ 音楽のムードで結末を予告して、期待を裏切る

音楽の予告的手法の応用なのですが、そのあと予告どおりにならないという展開も、効果的です。不気味な雰囲気の音楽でさんざんあおっておいて、実は何でもなかった、登場人物の思い違いだったというような展開です。

サスペンス・ドラマでよくあるシーンですが、暗い夜道を歩く女性の背後から、誰かが追っかけてきます。そこに、不気味な音楽が流れてきます。見ている方は、何かが起こりそうな予感がします。犯人に追われているのかもしれません。音楽はテンポを上げて、ますます恐怖心をあおります。女性が振り向いて、正体を確かめようして、音楽がやんで、追っかけてきたのが知り合いの刑事さんだったというようなオチです。

この手法が効果的なのは、音楽が醸し出すムードによって視聴者がその結末を予感するからです。このような音楽の使い方は、**音楽のムードで欺く手法**とも言えるでしょう。強い予感を与えておいて、突然その期待を裏切るのでそのシーンが印象深くなります。

COLUMN 　**木村カエラの映像実験室**

木村カエラが4枚目のアルバムとして2008年にリリースした『＋1』の初回限定盤には、付録としてDVDがついています。このDVDの最後に収録された『木村カエラの映像実験室』は、映像における音楽の役割を実感できる格好のデモンストレーションになっています。この作品は、木村カエラが後ろ向きにゆっくりと倒れるシーンの映像に、いろんな種類の音楽（DVDでは、「勇敢」「悲しみ」「緊迫」「祭礼」「荘厳」「ヘヴィ・メタル」「童謡」「韓流」と紹介されています）を組み合わせ、組み合わせた音楽によって映像の印象が違うことを実証したものです。まったく同じ映像に異なる音楽が組み合わされていますから、音楽の効果が純粋な形で示されるわけです。

木村カエラ自身も、あるインタビューで「違う音楽が乗るだけで見せ方が違ってくるっていうのを表現しました。音楽の大切さを分かってもらいたいなって」と語っています。実は、著者も解説で出演しています。

映像のムードと音楽のムードを 対立させる：音楽と映像の対位法

時には映像と音楽をケンカさせる

映像のムードと真逆のムードの音楽を組み合わせ、両者を対立させることで、独特の不思議な雰囲気を作り出すことができます。音楽の音源が映像の世界に存在することで、この手法を自然に導入することができます。

▶▶ 音楽と映像の対位法：音楽と映像が対峙し、新たな効果が生まれる

音楽と映像はムードを一致させることが原則ですが、音楽がもたらすムードと映像のムードを対比させるのも、ときには効果的です。このような手法のことを、黒澤監督（図7-4）は**劇と音楽の対位法的な処理**と呼んでいました。日本を代表する映画監督だった黒澤明監督は好んでこの手法を用いていました。この手法では、音と映像の2つの展開をまったく異なる流れとして捉え、それらを同時進行させるのです。例えば、悲惨なシーンが展開する映像に、陽気な音楽を組み合わせます。黒澤監督は、「そこに、音だけ、映像だけの場合の効果と違った、音と映像が掛け合わされたまったく新しい効果が生まれる」と主張しています。

黒澤明監督（7-4）

第7章　音楽が醸し出すさまざまなムードの利用

　後に映画評論家の西村雄一郎が「劇と音楽の対位法的な処理」のことを**音と画の対位法**（あるいは**音楽と映像の対位法**）と称しました。その効果について西村は「黒澤監督は、音と画の対位法によって、映像または音だけではできない、また、映像と音楽が調和しているだけでもできない、新たな心理空間を映像作品に創造した」と述べています。なお、ここで用いている「対位法」という用語は、音楽の専門用語としての「対位法」を流用したものですが、厳密に対応している訳ではありません。

　黒澤明監督の《野良犬（1949年）》（**図7-5**）においては、音楽と映像の対位法の手法が用いられ、刑事と犯人が対峙し、犯人が刑事に発砲する緊張感のある場面で、のんびりとした印象のピアノの練習曲（『ソナチネ』）が流れてきます。この場面中に音楽が流れない部分があるのですが、家の中でピアノを弾いていた女性が窓の外を眺めるシーンが挿入されています。さらに、刑事が犯人を捕らえた壮絶な場面に、子供たちが歩きながら楽しそうに歌う『蝶々』の合唱が流れてきます。この場面でも、陰気な印象の映像と陽気な印象の音楽が組み合わされ、音楽と映像のムードが対立しています。

《野良犬》で音楽と映像の対位法が用いられている場面（7-5）

刑事と犯人が対峙し，犯人が刑事に発砲する緊張感のあるシーン（左）と家の中でピアノを弾いていた女性が外を眺めるシーン（右）

　音楽と映像の対位法の効果を十分に引き出すためには、音楽の音源が映像の世界に存在することが必要とされます。黒澤監督は、ピアノを弾く女性や合唱する少年たちのように、音源を画面上に登場させて、映像とマッチしない音楽が存在してもおかしくない（diegeticな）状況を設定したうえで、音楽と映像の対位法を用いているのです。映画が作り出す物語の世界の中で流れる音楽に違和感を持ちつつも、音源が存在することで物語としての整合がとれ、映像作品の深みが増すのです。世界的に知られる黒澤明監督ですが、映像だけでなく音楽にもこだわった作品制作を行い、独自の映像世界を築き上げました。

▶▶ 音楽と映像の対位法は広く行きわたる

　その後、音楽と映像の対位法の手法は、多くの映画監督が用いるようになってきました。スティーヴン・スピルバーグ監督の《マイノリティ・レポート（2002年）》の、ショッピング・モール内で男女が逃走する緊迫したシーンでは、穏やかでゆったりとした『ムーン・リバー』を流す演出がされています。ただし、『ムーン・リバー』がショッピング・モールに流れるBGMであることが分かるように、わざと音質を悪くしています。

　庵野秀明が監督した《ヱヴァンゲリヲン新劇場版：破（2009年）》では、緊張感あふれる戦闘シーンにおだやかな印象の『今日の日はさようなら』や『翼をください』の楽曲が使われていて話題を呼びました。これらの場面では、黒澤監督の作品とは異なり、音源は画面上に存在していません。ただし、『今日の日はさようなら』の場面では、感覚的なレベルでは音楽と映像のムードが対立しているのですが、音楽の「別れ」のイメージと映像の「死別」のイメージのように共通するイメージが存在し、より高次のイメージのレベルで音楽と映像のイメージがマッチしているのです。『翼をください』の方は、映画のクライマックスの場面で用いられているのですが、音楽の「空に羽ばたくような」希望的イメージによって、結末の印象を希望的なものにする効果をもたらしています。

さまざまなジャンルの音楽のムードを活用する

映像作品の中では広いジャンルの音楽が受け入れられている

音楽には多様なジャンルがあり、さまざま演奏スタイルをもったミュージシャンがいます。また、ユニークな音色をもった楽器も存在します。これらを効果的に活用すれば、映像作品にユニークなムードを作り出すことができます。

▶▶ 音楽ジャンルが醸し出すムードの利用

クラシック、ロック、ジャズ、現代音楽などの音楽のジャンルや楽器編成などによっても、それぞれ独特のムードをもたらしますので、そのチカラを映像作品で利用することもあります。個性あるミュージシャンが醸し出すムードの利用も効果的です。

オーケストラを利用したクラシック音楽の情感たっぷりな響きは、オーソドックな感じの安定感のあるシーンを作りだすことができます。マックス・スタイナーからジョン・ウイリアムズに至る多くの作曲家が作りだしたオーケストラ・サウンドは、多くの映画で利用されてきました。オーケストラ・サウンドは、映画音楽の王道でした。

1950年代末に始まったフランスにおける**ヌーベルバーグ**と称される映画運動の代表的作品である《勝手にしやがれ（1960）》（ジャン・リュック・ゴダール監督、ジャン・ポール・ベルモンド主演）では、ジャズのクールな雰囲気を活用して、独特の雰囲気を醸し出しました。1960年代後半から1970年代半ばにかけてアメリカの若者層を中心とした反体制的な人間の心情を綴った映画作品群である**アメリカン・ニューシネマ**の代表的作品《イージー・ライダー（1969年）》（ピーター・フォンダとデニス・ホッパーが出演）は、オートバイで旅するヒッピーを描いた作品ですが、全編に流れるロック、ブルース、フォークなどの当時の若者に支持された音楽の響きは、彼らの生態を描くのにふさわしいムードを漂わせています。オー

トバイで疾走する映像とともに流れるので、ステッペンウルフの『ワイルドでいこう！（ボーン・トゥ・ビー・ワイルド）』、ザ・バンドの『ザ・ウェイト』、ザ・ジミ・ヘンドリックス・エクスペリエンスの『イフ・シックス・ワズ・ナイン（もしも もしも）』などの著名なミュージシャンの楽曲がじっくりと楽しめます。

　新しい方向性を探るようなユニークな映像作品では、その方向性を音からも感じられるようにサウンドデザインに斬新な発想が求められます。そんな場合には、今までにない音楽ジャンルや新たに台頭してきたミュージシャンの利用は有効です。現状に不安をいだき反体制的な若者のパワーを表現するには、ジャズやロックはふさわしい音楽ジャンルだったのです。

　《助太刀屋助六（2002年）》は時代劇なのですが、音楽には山下洋輔のフリージャズを利用しています。この作品では山下洋輔らしいユニークなサウンドは効果的に機能しています。ただし、個性的なミュージシャンの利用は、効果的ではありますが、その個性がアピールし過ぎることもあるので、注意が必要です。

▶▶ ユニークな楽器の利用で不思議な雰囲気を醸し出す

　電子音楽やコンピュータ・ミュージックなどのジャンルでは、新しい楽器や斬新な音色を利用して、いままでの音楽にない不思議な響きを導入してきました。そういった不思議な響きは、映像作品にも利用されています。

　アニメーション映画《パルムの樹（2002年）》では、**オンド・マルトノ**（図7-6）という電子楽器を利用して、不安定で不思議な響きを作り出しています。オンド・マルトノという楽器では、ピッチは指輪状のリュバンという装置で連続的に変化することができ、不安的なピッチの音を作りだせるのです。ユニークなスピーカ類はエフェクタの機能を有しているので、多彩な音色を作りだすことができます。

　テルミン（図7-7）は、コンデンサの原理を用いて空間中の手の位置によってピッチと音量を調節するユニークな電子楽器なのですが、やはり不安的な感じのピッチパターンに特徴があります。テルミンの奏でる不安定で不気味なムードはサスペンスやスリラーにピッタリで、ヒッチコック監督の《白い恐怖（1945年）》などで効果的に利用されています。

　《22年目の告白-私が殺人犯です》では、犯人と刑事が争う場面に不思議な電子

音が流れています。ちょうど、刑事たちが張り込みをしているシーンから犯人が現れて争い、追いかける場面なので、混とんとした電子音の付加が効果的です。

ユニークなスピーカが目を引くオンド・マルトノ（7-6）

多彩な音色を作りだす　　　　　市橋若菜さん提供（オンド・マルトノ奏者）

テルミンの演奏をしている様子（7-7）

不安定な感じのピッチパターンを作りだす

▶▶ 音楽がもたらす異国情緒の利用

　民族音楽をはじめとする各地域の音楽は、リズムや音階がユニークであったり、独特の楽器が用いられたりしているので、聞くだけでその地域らしさを感じることができます。アメリカのジャズやスペインのフラメンコのように、地域を代表するジャンルの音楽も強い地域性を感じさせてくれます。

　映像作品では、こういった地域性を感じる音楽も、多く利用されています。テレビの旅番組で利用されているのは当然ですが、ドラマなどでも、日本から中国へ飛び立つシーンでは中国風のメロディが流れるとか、地域性を感じる音楽が利用されます。もちろん、外国映画で日本を描くシーンにおいても、日本らしいメロディが流れてきます。でも、ときどきドラが「ジャーン」と鳴ったりして、少し誤解があるものも多いようです。

　賭けに勝利するために、気球、鉄道、蒸気船などを利用して80日間で世界一周する旅を描く《八十日間世界一周（1956年）》では（物語は1872年の話です。当時は、80日間で世界一周するのも大変でした）、スペイン、インド、中国、アメリカなどさまざまな国に立ち寄りますが、中国だと中国風の音楽が流れるなど、そのたびに各地の音楽が流れます。日本にも立ち寄り、日本風のメロディが流れますが、日本人からすると少し違和感がある部分があります（ドラはしっかり「ジャーン」と鳴っています）。

　地域性を感じる音楽としては、さらに国歌だとか、タイトルに都市や国の名前がついたものも効果的です。こういった楽曲に関しては、8章で紹介します。また、地域特有の音楽を生で演奏している場面が挿入されている場面もあるのですが、これは10章で紹介します。《八十日間世界一周》では、そういう演出も随所で見られます。

COLUMN　楽器の音色が伝える地域性

　地域性を感じさせる音楽ジャンルもありますが、楽器の音色だけである地域をイメージさせることもあります。そんな地域性を持った楽器の利用も、映像作品の中で地域性を感じさせるためには効果的です。楽器の音色は単音を流しただけで分かりますから、短いシーンで地域性を出すにはうってつけの効果音といえるでしょう。

　例えば、ウクレレやスティールギターの音色はハワイを連想させます。バラライカはロシア、胡弓は中国、カリンバはアフリカ、シタールはインド、バンジョーはアメリカ、箏や三味線は日本をイメージさせるので、これらの楽器の音で地域性を演出することができます。ただし、日本のシーンでドラが鳴るように、誤解した楽器のイメージがそのまま利用されていることもあります。

第**8**章

音楽のシンボリックな意味の利用：
定番曲で状況を伝える

音楽は、言葉のように具体的な意味を伝えることはできません。しかし、ある音楽が儀式やイベントなどで利用されていると、その音楽から儀式やイベントを連想するようになります。映像作品では、そんな音楽の持つシンボリックな意味が活かされています。オッフェンバックの『天国と地獄』は運動会で定番となっている楽曲です。小学校が映っているシーンで流れてきたら、運動会のシーンを映さなくても運動会が行われていることが理解できます。

　歌の歌詞を利用することも、バラエティ番組などでは効果的です。歌詞の利用は、グルメ番組でカニを食べているシーンにパフィの『渚にまつわるエトセトラ』の「カニ食べに行こう」の部分、旅番組で温泉を紹介するシーンでドリフターズの『いい湯だな』を流すなど多くの例があります。

8-1

音楽のシンボリックな意味を映像作品に活用する

音楽を聞いただけでメッセージが伝わる

デパートで『蛍の光』のメロディを聞けば閉店を連想するように、シンボリックな意味を持った音楽が存在します。こういった音楽は、映像作品の中で効果的に活用することができます。

▶▶ 音楽のシンボリックな意味

言葉なら、「机」とか「椅子」とか言うと、その意味が明確に伝わります。一方、音楽は、メロディ、リズム、ハーモニーを伝えることも、そこから醸しだされるムードを伝えることもできますが、言葉のように具体的な意味を伝えることはできません。しかし、ある音楽が儀式やイベントなどで鳴らされ、その場での経験を繰り返すと、その音楽から儀式やイベントを連想するようになります。そういった音楽は、シンボリックな意味をもった音楽と言えます。

日本人なら誰でも、『蛍の光』のメロディを聞けば、「別れ」「終わり」といったイメージを連想するでしょう。デパートやショッピング・モールで『蛍の光』やこれをアレンジした『別れのワルツ』が聞こえてきたら、閉店の合図だとすぐ理解できるでしょう。中年以上の人なら、卒業式を連想する人も多いでしょう（最近の卒業式では、『蛍の光』はかつてのように一般には使われなくなっているので、若い人には理解できないかも知れませんが）。こういった音楽から感じられる連想が、**音楽の持つシンボリックな意味**なのです。

災害大国日本では、災害時の緊急連絡用に**防災無線**が広く設置されています。防災無線は緊急時以外にも、保守点検の意味合いもあって、夕方の午後5時の時報代わりに短いメロディを流すといった使い方もします。鳴らすメロディとしては、ドボルザークの『家路』とか童謡の『夕焼け小焼け』が定番曲となっています。夕方になったので、子供たちにそろそろ帰宅させるというメッセージとして、『家路』はそのタイトル、『夕焼け小焼け』の歌詞の「からすといっしょに かえりましょう」

がふさわしいと考えられたのでしょう。これらのメロディを聞いて、毎日聞いている（聞いていた）地域の防災無線の時報（？）を連想される方も多いはずです。

▶▶ 映画やテレビで音楽のシンボリックな意味を利用する

　映画やテレビで、手品のシーンで『オリーブの首飾り』（ポール・モーリア作曲）が流れるという使い方は、音楽の持つシンボリックな意味を利用した音楽の使い方です。誰でも、一度や二度はそんなシーンを見たことがあるでしょう。『オリーブの首飾り』は、手品用のBGM集のタイトル（**図8-1**）になるぐらい手品のBGMの定番曲になっています。ちなみに、『オリーブの首飾り』は、女性手品師の「松旭斉すみえ」が好んで利用していたのが広まって、「手品の音楽」として定着したそうです。それを利用して、映画やテレビで『オリーブの首飾り』を活用しているのです（パロディ的な利用も多いですが）。その後、Mr. マリックが出てきてからは、彼が登場曲として愛用しているThe Art of Noiseの『Legs』も手品を象徴する曲として知られるようになりました。ただこの曲はMr. マリックのカラーが強すぎて、他の手品師には使いにくそうです。

オリーブの首飾り―マジックのBGM ベスト(CD)（8-1）

オリーブの首飾り
―マジックの BGM ベスト

聞いただけで手品を連想する

　オッフェンバックの『天国と地獄』、カバレフスキー『道化師のギャロップ』など、運動会で定番となっている楽曲も結構あり、その曲を聞くだけで、運動会の雰囲気が感じられます。小学校が映っているシーンでこれらの曲が流れてきたら、運動会のシーンを映さなくても、運動会が行われていることが理解できます（そんな予算のケチり方をした映像作品もあります）。流れる音楽の音質をわざと悪くすると、さらにリアリティが増します。『天国と地獄』をタイトルとした運動会BGM用CD（図8-2）も販売されています。

天国と地獄　運動会のテーマ（CD）（8-2）

ORIGINAL COVER

聞いただけで運動会を連想する

　ただし、これらの例はいずれも日本だけの話で、外国では通用しません。テレビ番組や映画でこの種の音楽を聞いた外国の方々の中には、まったく気がつかない方や不思議に思われている方もおられるでしょう。

　『ウェストミンスターの鐘』のチャイムで授業が始まったり終わったりという風景も日本の学校ならではです。もともとは、この曲はロンドンのウェストミンスター宮殿の時計塔ビッグベン（図8-3）から流れる時報のメロディで、ロンドンあるいはイギリスのシンボル的な存在です。ビッグベンでは、このメロディは、複数の鐘

を組み合わせたカリヨンによって奏でられています。第2次世界大戦後、学校で時報として広く使われていたベルやサイレンの音が空襲警報の連想を引き起こすことから、ある学校で『ウェストミンスターの鐘』のチャイムに置き換えられたのが全国的に広まったのです。いまでは、学校を舞台にした映画やテレビドラマの教室内のシーンに、学校を象徴する音として頻繁に登場する存在となっています。

　音楽のシンボリックな意味によって、異国情緒を伝える、時代背景を感じさせるといった楽曲の利用のしかたもあります。民族音楽や国を象徴する曲は、旅番組の背景音楽として効果的です。過去に流行した曲は、その曲が流れてきただけで時代を感じることができます。

ウェストミンスター宮殿の時計塔ビッグベン（8-3）

第8章　音楽のシンボリックな意味の利用：定番曲で状況を伝える

 口ずさむ歌が時の流れの象徴に

　《あちらにいる鬼（2022年）》は、作家の白木篤郎とその妻・笙子および作家の長内みはるの三角関係を描いた物語で、井上光晴とその妻および瀬戸内寂聴の関係をモデルにした小説を原作にしています。この作品の中で、笙子が『空に星があるように（1966年）』と『てんとう虫のサンバ（1973年）』というかつてのヒット曲を口ずさむ場面があり、描かれた時代の雰囲気を醸し出しています。さらに、この2曲のヒットの間に3人をめぐるさまざまな男女の物語があり、2つの曲はその間の時間の経過を表現する役割も担っています。

8-2

映像作品では歌詞の利用も効果的

MAさんはダジャレセンスで勝負する

映像作品では、歌の歌詞を効果的に利用することもできます。テレビのバラエティ番組では、ダジャレ感覚で映像内容と歌詞を関連づけて、楽しく視聴できるように番組を制作しています。

▶▶ 歌詞も利用できる：ダジャレも効果的

歌の歌詞を利用することも、バラエティ番組などでは効果的です。歌詞の利用は、グルメ番組でカニを食べているシーンにパフィの『渚にまつわるエトセトラ』の「カニ食べに行こう」の部分、旅番組で温泉を紹介するシーンでドリフターズ（元はデューク・エイセス）の『いい湯だな』、ホールで自動的に椅子が収納されることを紹介するシーンに宇多田ヒカルの『Automatic』、手助けが必要な場面でビートルズの『ヘルプ』、お金の絡む話題でピンク・フロイドの『マネー』やアバの『マネー

アバ『マネー マネー マネー』のレコード（8-4）

お金の絡む話題の背景で
流れる曲

マネー マネー』（図8-4）を流すなど多くの例があります。いずれも言葉の共通性を利用した、一種の**ダジャレ**的な意味合いの選曲なのですが、言いたいことは伝わります。この手のヒット曲があると、作曲家の皆さんはいつまでも著作権使用料を貰えていいですね。

　バラエティ番組では、MAを行う際に、有名曲の歌詞を利用するのは、一種の定番パターンになっています。紹介する製品名と共通する歌詞があれば、それを利用するのです。ガラスより透明で割れない素材「ハレハレ」を紹介するとき、「ハーレルヤ ハーレルヤ」と『ハレルヤコーラス』のメロディを流すといったパターンです。共通する「ハレ」の発音を利用したダジャレですが、妙に耳に残ります。株式を上場した企業を紹介するときに、mihimaru GTの『気分上々』を流すのも似たようなパターンです。もちろん「ジョウジョウ」どうしのダジャレです。

　ここで出した例は、TBS系列で毎週日曜日に放送されている《がっちりマンデー!!（2005年〜）》（図8-5）からのものです。この番組は新たなビジネス形態や注目を集める企業を紹介するビジネス系のバラエティ番組なので、視聴者の年齢層は少し高めです。その層に向かってのダジャレを連発しているのです。

TBS系列で毎週日曜日に放送されている《がっちりマンデー!!》（8-5）

第8章　音楽のシンボリックな意味の利用：定番曲で状況を伝える

　映画《アルマゲドン（2009年）》の、石油採掘の仲間を集めるシーンでは、ビートルズの『Come Together』が付加されています。「集合」の意味をこの曲に込めたのでしょう。このあと、集合したメンバーはロケットで地球に近づく隕石に乗り込み、トンネルを掘って原爆を爆発させるミッションを与えられることになります。

　《かぐや様は告らせたい〜天才たちの恋愛頭脳戦〜（2019年）》は、名門高校に通うプライドの高い男女が、お互いに惹かれ合っているにも関わらず、自分から告白することを「負け」と捉え、いかにして相手に告白させるかの作戦を繰り広げるラブ・コメディです。その作戦の一つが「涙のリクエスト作戦」で、トランプのゲームでわざと負けて、相手に映画に誘わせようという作戦です。この作戦の場面でチェッカーズの『涙のリクエスト』が流れるのです。流れる音楽はメロディのみですが、「涙のリクエスト　最後のリクエスト」の部分なので、その歌詞が活かされた演出となっています。

　お笑いコンテンツにも歌詞の利用は効果的です。池の周りの道をローラスケートで走っている人が、そのまま池にポチャンと落ちるという失敗映像にQUEENの『Don't Stop Me Now』の曲を合わせるのも笑いを誘発させるのに効果的です。「I'm gonna go go go. There's no stopping me.」と歌われるのですが、「誰か止めてやれよ」というツッコミをしながら、笑える映像です。この曲は、《がっちりマンデー!!》が紹介した焼き肉の「まるまさ」が行っている食べ放題の一種の「おまかせストップ方式」の映像でも流されました。共通する「ストップ」のダジャレですが、ノリノリの音楽で楽しく見ることができます。

▶▶ ちょっと苦しいダジャレもある

　《がっちりマンデー!!》の「儲かる豆ビジネス」というテーマの回でも、ピンク・フロイドの『マネー』とアバの『マネー　マネー　マネー』が使われていましたが、この回では「マメ」とのダジャレの意図があったようです。ちょっと苦しいダジャレですが、聞いているうちに「マメー」とか「マメ マメ マメ」と聞こえてくるから、不思議なものです。

　この回は、さらに、田中製餡という会社の「あんこ」を紹介するときに、都はる

みの『アンコ椿は恋の花』という懐かしい1964年のヒット曲を流していました。「あんこ」のシャレはわかりやすいですが、「うなり節」ともいわれる都はるみ独特のこぶし回しを懐かしく聞いていた世代の方々もいたでしょう。こっちは、苦しくないダジャレです。この回のゲストとして出演していた「キャイ〜ン」の天野ひろゆきは、この映像をみて「あんこ椿」と言って苦笑いしていました。

　《がっちりマンデー‼》が玩具メーカーの「バンダイ」を特集したとき、冒頭の特集紹介の場面で、「バンザイ　君に会えてよかった　このまま　ずっと　ずっと　ララ　ラふたりで」とウルフルズの『バンザイ〜好きでよかった〜』が流れてきました。「バンダイ」が歌詞になった曲がないので、「バンザイ」ですませたのでしょう。苦しいダジャレですが、MAさんの苦労がうかがえる選曲でした。

COLUMN

ユージン・コスマン楽団の『別れのワルツ』

　デパートやショッピング・モールで閉店を合図する音楽を『蛍の光』と思っている人が多いようですが、実際に多くの店が使っているのは『蛍の光』をアレンジした『別れのワルツ』です。この曲の元になるのは《哀愁（1940年）》という映画で、主演女優がダンスを踊る場面で用いられた『オールド・ラング・サイン』（『蛍の光』の原曲）をワルツにアレンジした曲でした。日本では1949年に映画が公開され、ダンスの場面は映画を見た人の心に強く残り、曲も人気になりました。そこに目をつけた日本のレコード会社が、この曲をユージン・コスマン楽団の『別れのワルツ』として発売しました。現在多くの店舗で閉店の合図として利用されているのがこの『別れのワルツ』なのです。

　なお、このユージン・コスマンというのは、全国高等学校野球選手権大会のテーマ曲『栄冠は君に輝く』など多くの名曲を生み出した古関裕而のことでした。レコード会社が映画音楽の音源を持っていなかったので、古関裕而に採譜・編曲をさせて独自に録音したのですが、発売するときにユージン・コスマンという外人風の名前を使ったのです。『栄冠は君に輝く』も、聞いただけで高校野球をイメージする名曲ですね。

第8章　音楽のシンボリックな意味の利用∵定番曲で状況を伝える

8-3

映像作品にミュージシャンや 俳優のイメージを活用する

ミュージシャンや俳優の名前もダジャレに利用する

テレビのバラエティ番組では、ミュージシャンや俳優のイメージも積極的に活用しています。そこにもダジャレ感覚が活かされています。ミュージシャン自身が出演する場面で、そのミュージシャンの楽曲を流す展開も効果的です。

▶▶ ミュージシャンの名前も活用する

《がっちりマンデー !!》では、ミュージシャンの名前を活用するという手法も利用されています。きめ細かい泡のでるシャワーヘッドの紹介映像に、バブルガム・ブラザーズのヒット曲『WON'T BE LONG』を流すといった使い方です。泡とバブル（グループ名から）のダジャレです。グループ名を知っている年代の人であれば、分かってもらえるでしょう。「Coolish」というアイスクリームの新商品を紹介する映像では、クールス（Cools）の『シンデレラ』を流していました。「Cool」という共通項はあるのですが、それを分かる年代も限られるでしょう。

「肉汁餃子のダンダダン」という食堂の紹介で『ウルトラセブンの主題歌』を流すような例になると、イントロの部分が「ダンダダン」という感じで自然と入ってきますが、他になんか意味があるんじゃないかと考え込んでしまいます。ウルトラセブンの変身前の姿は、ウルトラ警備隊のモロホシ・ダンです。モロホシ・ダンのダンと店名のダンダダンのダンをかけあわせたシャレになっているのです。こうなると、わかる人にしかわかないですよね。

このように、《がっちりマンデー !!》のMAさんには結構楽しませていただいています。ただし、どっかで聞いたことあるけど曲名が出てこないとか、なんでこの曲が使われているのか理解できないなど、モヤモヤすることもあります。番組のホームページとか使って、ネタの説明をして欲しいですね。

▶▶ ミュージシャンを活用する

　バラエティ番組のコントなどに歌手が出演するような場合、背景となる音楽として、その歌手のヒット曲を使用するといった例も多くみられます。「世の中の（あなたの）ムカッとをスカッとに変える」コントで構成する《痛快TV スカッとジャパン》で、クレーマーを見事にさばく牛丼店の神店長として郷ひろみが登場したとき、郷ひろみのヒット曲『2億4千万の瞳(エキゾチック・ジャパン)』『GOLDFINGER '99』が流れます。

　アフラックのがん保険のテレビコマーシャル《櫻井翔の取材ノート 岡村さん 支えてくれるもの篇》で岡本孝子がインタビューを受ける場面で彼女のヒット曲が利用されています。曲は彼女の『夢をあきらめないで』で、「あなたの夢を あきらめないで」の歌詞はがん保険のコマーシャルにはピッタリはまる内容です。同じCMシリーズの《新しい夢篇》では、岡村さんが、この曲をピアノで弾き語りしています。

COLUMN

「枝バウアー」に『誰も寝てはならぬ』

　《がっちりマンデー!!》『展示会で発見！未来の儲かる原石』の回でのことですが、タキゲン製造が開発した農業器具「枝バウアー」を紹介するときに、プッチーニの『誰も寝てはならぬ 』のメロディが流れました。「枝バウアー」は、実が重すぎて折れないように野菜の枝を守るための器具で、曲線状の形状を持っています。フィギュアスケート選手の荒川静香の得意技「イナバウアー」の姿とこの器具の形状が似ているので、「イナバウアー」をもじって「枝バウアー」と命名したのでしょう。荒川静香といえば、彼女が2006年のトリノオリンピックで金メダルを獲得した時の音楽が『誰も寝てはならぬ』でした。連想の連想による選曲ですが、ピンとくるチョイスです。

音楽のシンボリックな意味はいろんな連想を引き起こす

音楽のシンボリックな意味は笑いの素にもなる

音楽の中には、悲劇的な状況を連想させるものもあり、そういった楽曲が面白コンテンツで効果を発揮します。また、地域を象徴する楽曲は、その地域と関わりのある映像にピッタリと寄り添ってくれます。

▶▶ 音楽のシンボリックな意味は面白コンテンツにも利用される

音楽を用いたユニークな例として、少年が誕生祝いのケーキのろうそくを吹き消そうとして、兄に横から吹き消されて残念そうに放心している様子の映像のあとに、バッハの『トッカータとフーガ二短調』の音楽を加えるといった使い方があります。この映像素材は悲劇的な内容の素材で、加えた音楽素材も「暗く」「悲しい」印象です。バッハが意図したわけではないでしょうが（たぶん）、この曲は映像内容の悲しみを強調するために利用されることが多く、悲劇的状況をシンボリックに表現する定番曲となっています。替え歌歌手として活躍する嘉門達夫の『鼻から牛乳』の「チャラリ〜鼻から牛乳」のメロディがいい例です。この音楽が映像内容の悲劇性を強調し、「人の不幸は蜜の味」的な人間のもつ意地悪な感情と利己的な優越感が笑いを誘発したものと考えられます。その結果、悲しい音楽が、面白さを増幅することになるのです。サラサーテの『チゴイネルワイゼン』も同様の効果がある曲で、悲劇的状況を強調するためによく活用されています。面白映像にも多く利用されています。

ボウリング場で球を投げると、レーンに突然ゴールキーパーが現れ、次々と球をブロックしてしまうという面白コンテンツで、ゴールキーパーの登場とともに、『FIFA Anthem』を流すといった音楽の使い方も効果的です。『FIFA Anthem』の楽曲がサッカーを連想させるシンボリックな曲であることが、面白さを増大するのです。音楽がオチとして用いられていると言ってもいいでしょう。

▶▶ 地域のシンボルとして機能する楽曲

　7章で映像作品において異国情緒を感じさせる音楽の利用が効果的であることを述べましたが、音楽が地域のシンボルとして認知されている楽曲も、映像作品の中で効果的です。**国歌**はまさに地域のシンボルとして存在しますが、その曲の認知度がある程度高くないと、その意味が伝わりません。有名な曲であれば、タイトルに都市や国の名前がついたものも効果的です。

　《翼よ！あれが巴里の灯だ》（図8-6）の幾多の困難を乗り越えた主人公がフランスにたどり着いたと気づくシーンで、フランス国歌の『ラ・マルセイエーズ』が流れます。フランス国歌のメロディで、耳からもフランスに着いたことを実感します。

《翼よ！あれが巴里の灯だ》の一場面（8-6）

　古代ローマのテルマエ技師（公衆浴場を設計する）のルシウスが現代日本にタイムスリップして日本の風呂のさまざまな技術を導入する話をコミカルに描いた《テルマエ・ロマエ（2012年）》（**図8-7**）では、物語の多くの部分がローマで展開されます。そのためイタリアらしさを出すために、『アイーダ』『トゥーランドット』『トスカ』『蝶々夫人』などイタリアの代表的なオペラからの楽曲が多数用いられています。ただし、厳密に言うと、古代ローマの時代にはこれらの曲はまだなかったので、古代ローマの雰囲気を醸し出しているのかはよくわかりませんが、イタリアっぽさは理解できるのでよしとしましょう（まだイタリアという国は成立してなかったのですが）。

第8章　音楽のシンボリックな意味の利用：定番曲で状況を伝える

《テルマエ・ロマエ》の一場面（8-7）

　これも《がっちりマンデー!!》での例なのですが、地元調味料の1つとして宮古島の「雪塩」が紹介されている映像でTHE BOOMの『島唄』が流されていました。曲を知っていると沖縄を感じて当然ですが、知らない人でもなんとなく沖縄を感じさせる曲なので、組み合わせた意図が分かりやすい曲といえるでしょう。

　《マツコの知らない世界》での例ですが、冷凍ピザに詳しい人がいろんな冷凍ピザを持ち込んで、マツコ・デラックスに食べさせるという企画のとき、『オー・ソレ・ミオ』が流されていました。『オー・ソレ・ミオ』は誰もが知るイタリア民謡なので、ピザの本場イタリアの象徴としての選曲でした。イタリアらしさを感じさせる演出です。

第9章

映像作品におけるテーマ曲の役割：
盛り上げに大活躍

　テーマ曲は、映像作品の中で意味作用を持たせた音楽です。
主人公の登場と合わせてテーマ曲を繰り返し使うと、そのシー
ンの雰囲気を盛り上げることができます。テーマ曲は、オペラ
で用いられるライトモチーフが起源だと言われています。映画
音楽、スクリーンミュージックとして広く知られている名曲の
多くは映画のテーマ曲です。有名なテーマ曲は、バラエティ番
組、コント、物まねなどでのパロディ的利用もさかんです。

　オーソドックな作品では、オープニングでテーマ曲を流して
観客の気分を盛り上げます。クライマックスの場面でテーマ曲
を入れる展開は、テーマ曲の入れどころとして最高です。そし
て、エンディングでテーマ曲を流すことになれば、ドラマの余
韻に浸ることができます。

映像作品のテーマ曲の起源は
オペラのライトモチーフ

テーマ曲は「the 映画音楽」、作曲家も力が入る

テーマ曲は、映像作品の中で登場人物などと結びついた楽曲です。テーマ曲の利用は、オペラに起源があるとされています。映像作品では、テーマ曲の利用により盛り上がりを演出することができます。

▶▶ 映像作品におけるテーマ曲

テーマ曲は、映像作品の中で意味作用を持たせた音楽です。主人公（人間とは限りません）の登場と合わせてテーマ曲を繰り返し使うと、そのシーンの雰囲気を盛り上げることができます。映画音楽、スクリーンミュージックとして広く知られている名曲の多くは映画のテーマ曲です。テーマ曲は器楽曲が多いですが、歌（**主題歌**と呼ばれる場合もあります）がテーマ曲となっていることもあります。テレビドラマから生まれたテーマ曲もたくさんあります。

《ジョーズ》《ゴジラ》《ロッキー》《ミッション・インポッシブル》《スター・ウォーズ》《007》《インディ・ジョーンズ》《パイレーツ・オブ・カリビアン》《踊る大捜査線》《太陽にほえろ》《相棒》《ドクター X》などで使われている有名なテーマ曲は、バラエティ番組、コント、物まねなどでの**パロディ**的利用もさかんです。テーマ曲が映画やテレビドラマあるいはその登場人物のシンボリックな意味を担い、テーマ曲を聞くとその映画やドラマを想起させるので、パロディが成立するのです。映画で使われたテーマ曲が、まったく内容の異なるテレビ番組のテーマ曲にそのまま流用されることもあります。

テレビの連続ドラマでは、毎週同じパターンの設定で主人公が活躍する場面がありますが、ここぞという場面にお決まりのテーマ曲を流します。何回か見ていると視聴者もドラマの展開を予測できるのですが、予定調和的なカタルシスを得るための一要素として、テーマ曲は欠かせません。シリーズ化されたドラマだとマンネリにもなりかねないのですが、さまざまな編曲を行いながらも、同じテーマ曲を

使い続けている例も多いようです。

▶▶ 映画のテーマ曲の起源はオペラで用いられるライトモチーフ

　映画のテーマ曲は、オペラで用いられる**ライトモチーフ**が起源だと言われています。ライトモチーフ（指示動機）とは、オペラなどの楽曲中において特定の人物や状況などと結びつけられて、繰り返し使われる短い主題や動機（モチーフ）を意味します。聴衆にとって、ライトモチーフは、鑑賞の対象にもなっていますが、人物の区別をしたり、物語の進行を理解したりする上での手がかりにもなっています。

　ライトモチーフの元になったと言われているのが、ベルリオーズが『幻想交響曲』の中で使った「夢の中で繰り返し現れる恋人の旋律」です。ベルリオーズは、この旋律のことを**イデー・フィクス**（**固定楽想**）と呼びました。この曲では、恋人が出てくるとすぐに分かるように、固定楽想が用いられました。

　ライトモチーフやテーマ曲は、繰り返し使われるといっても、単純な繰り返しではなく、さまざまなバリエーションが加えられて繰り返されます。ライトモチーフやテーマ曲によって、ある人物の登場などが分かるのですが、同時に人物の状態や状況の変化も曲調や編成の変化で表現されます。ライトモチーフやテーマ曲は、作品全体に統一感を与えるのにも効果的です。

　なお、音楽用語でのライトモチーフ（あるいは**モチーフ**という用語）は、2小節程度までの短い旋律のことをさすのが一般的です。それに対して、映画やテレビのテーマ曲の場合は、曲全体をさすことが一般的です。また、映画やテレビでライトモチーフという用語を用いる場合も、テーマ曲と同様の意味で用いることもあります。

▶▶ ヴァルキューレのライトモチーフ

　ライトモチーフの手法は、作曲家リヒャルト・ワーグナーによって確立されました。特に有名なライトモチーフが、『ニーベルングの指輪』四部作の一つ『ヴァルキューレ』という楽劇（ワーグナーは自分のオペラをこう呼びます）の中の『ヴァルキューレの騎行』という曲で用いられた「ヴァルキューレのライトモチーフ」です。ヴァルキューレというのは、勇士たちを天界城へつれていく若い女神たちを指しま

す。楽劇の上演中、この曲が現れるとヴァルキューレの登場だとすぐに分かります。

　『ニーベルングの指輪』四部作は、全部を上演するのに15時間もかかる壮大な楽劇です。そのストーリーも複雑です。ライトモチーフの使用は、複雑で長時間に及ぶ作品に統一感を保つために効果的でした。

　『ヴァルキューレの騎行』は、フランシス・コッポラ監督がベトナム戦争を舞台にして制作した《地獄の黙示録（1979年）》で、ヘリコプターからベトナムの村を攻撃するシーンで使われて話題になりました（こういった映像作品の世界の中での音楽の使い方に関しては10章で説明します）。「ヴァルキューレのライトモチーフ」は、この映画の曲としてのイメージの方が強くなってしまったかも知れません。ヘリコプターが出てくるシーンでこの曲が流れたら、《地獄の黙示録》のパロディです。

▶▶ マックス・スタイナーがライトモチーフの手法を映画に取り入れた

　1章でも紹介しましたが、映画音楽の父として紹介したマックス・スタイナーは、オーストリアで音楽を学びオペラの手法にも精通していたので、その知識を活かして映画音楽にライトモチーフの手法を取り入れ、特定の人物や状況に特有のメロディを用いました。彼の代表作の一つ《風と共に去りぬ（1939年）》（図9-1）では、ライトモチーフの手法を駆使して歴史に残る名作を仕上げました。特に、オープニングタイトルの映像にも用いられたテーマ曲『タラのテーマ』は、主人公のスカーレット・オハラの人生に寄り添うように、映画の中でも繰り返し流れ、後世に残る名曲となりました。悲しいとき、嬉しいときなどは、その心情に合わせたアレンジが施されています。

　また、聡明で朗らかな人柄のスカーレットの父ジェラルド・オハラ、働き者の世話係マミーなど登場人物それぞれのキャラクタを表現したライトモチーフ（テーマ曲）も効果的に用いられています。ライトモチーフ（テーマ曲）は、登場場面で繰り返し使うと、雰囲気を盛り上げることができます。

　その後、多くの作曲家がライトモチーフの手法を用いてきました。ジョン・ウイリアムズは《スター・ウォーズ》シリーズの中で、メインテーマのほか、各キャラクタに合わせた多くのテーマ曲を駆使しています。とりわけ、ダースベーダーの登

《風と共に去りぬ》（9-1）

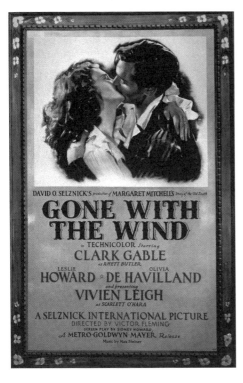

ライトモチーフの手法が
駆使されている

場に合わせて使われるダースベーダーのテーマ（『帝国軍のマーチ』）は人気のテーマ曲です。日本のアニメーション《ルパン三世》も、主人公のルパン三世以外にも個性あふれるキャラクタが多数登場しますが、主人公のルパン三世のテーマ曲のほか、次元大介、石川五ェ門、峰不二子、銭形警部などそれぞれのキャラクタのテーマ曲（ライトモチーフ）が効果的に利用されています。

　映画には、動物や怪獣を主人公にした作品も多く作られ、人気を得ています。それに合わせたテーマ曲も多く制作されてきました。《ジョーズ（1975年）》は、人間を襲う巨大なサメの物語ですが、ジョン・ウイリアムズはジョーズの登場に合わせて不気味さの漂うテーマ曲を作り、サメの登場シーンを盛りあげています。この曲は、姿も見えないのに「出るぞ」「出るぞ」という恐怖が感じられる曲です。

　ジョン・ウイリアムズは宇宙からやってきた生物（E.T.：イーティー）を描いた《E.T.（1982年）》のテーマ曲も作曲していますが、E.T.は子供と友人関係を結ぶ友好的な存在で、念力（？）で物を動かしたりする不思議な能力をもっています。テーマ曲は、E.T.が不思議な能力を発揮して、部屋の中にある物を浮かしたり、枯れかけた花を咲かせたり、子供たちが乗る自転車を浮かしたりするシーンで流れます。さらに、E.T.が地球から飛び立ち、子供たちと別れる最後の場面でも、テーマ曲が流れます。

COLUMN　『ゴッドファーザー愛のテーマ』

　《ゴッドファーザー（1972年）》と言えば、多くの人は『愛のテーマ』を思い浮かべるでしょう。この映画のパロディのコントなどでも、だいたい『愛のテーマ』を流しています。映画をみたことのない人でも、この曲を聞くと《ゴッドファーザー》の音楽だと理解できます。『愛のテーマ』には歌詞がつけられ、アンディ・ウィリアムスなどが歌い、大ヒットしました。日本語の歌詞のバージョンも、多くの歌手が歌っています。
　しかし、オリジナルの映画での『愛のテーマ』の役割はメインテーマではなく、第2テーマでした。曲の登場も映画の中盤になってからでした。しかも、『愛のテーマ』は、《ゴッドファーザー》の音楽を担当したニノ・ロータ自身が担当した《フォルチュネラ（1957）》の音楽からの引用でした。そんな事情もあるのですが、『ゴッドファーザー愛のテーマ』は映画音楽の代表曲として人気を維持し続けています。

映像作品におけるテーマ曲の効果的な使い方

テーマ曲で映像作品に感情移入させる

テーマ曲は、オープニングやエンディングのほか、ドラマのクライマックスでも効果的に利用されています。テーマ曲は、主人公の心情の移り変わりや状況の変化に応じてアレンジされ、物語に寄りそって奏でられます。

▶▶ テーマ曲の入れどころ、聴かせどころ

テーマ曲の入れ方にもいろいろあります。くり返し作品内で流されることも多いのですが、オーソドックな作品では、まずは**オープニング**で流して観客の気分を盛り上げます。特に、シリーズ化された作品だと、観客もテーマ曲を良く知っているので、テーマ曲で始める演出は効果的です。

さらに、つなぎ的な部分も、テーマ曲の聴かせどころとなります。テーマ曲といえども、ドラマが展開する場面では、曲の流れをその展開に合わせる必要があり、十分な聴かせどころを構成できない場合があります。その点、西部劇で、ある町でドラマがあり別の町へ馬で向かうといった場面と場面の**つなぎ**の部分で、台詞もなく風景とガンマンの乗馬の様子のみといった場面では、テーマ曲をじっくり聴かせることができます。

もちろん、**クライマックス**の場面でテーマ曲を入れる展開は、テーマ曲の入れどころとして最高です。主人公が主人公らしい行動をとるのに合わせて流れるテーマ曲は、まさしくテーマ曲の本領の発揮しどころです。

そして、**エンディング**あるいは**エンドロール**でテーマ曲を流すことになれば、観客はドラマによってもたらされたエモーションの余韻に浸ることができます。エンドロールを含めれば、テーマ曲は途中で途切れることなく、最後まで流すことができます。

《ミッション・インポッシブル（1996年）》では、そんな定番的な入れ方でテーマ曲が利用されていました。最初にテーマ曲が流れるのは、最初のごく短いシー

ンのあとになりますが、本編の予告編のような細切れ映像やタイトルロールととも
に流れます。後述するようにこの曲は同タイトルのテレビドラマのテーマ曲を踏襲
したもので、多くの観客はこの曲を知っているので、いよいよ始まるという期待感
を抱きます。その後、ドラマが展開され、潜入するためにアメリカのラングレーに
あるCIAに向かうつなぎの場面で流れます。テーマ曲は、いよいよ忍び込むのだ
という高揚感をもたらします。さらに、フランスの高速鉄道TGVのトンネル内で
ヘリコプターを巻き込んだアクションシーンでテーマ曲が流されます。この場面は、
トム・クルーズが演じるイーサン・ハントのアクションシーンで、この映画の最高
の見せ場です。テーマ曲が、最高の見せ場を最高に盛り上げます。そして、最後に、
エンディングからエンドロールにかけての場面で、楽曲としてのテーマ曲をじっく
りと聴かせてくれます。

　なお、《ミッション・インポッシブル》のテーマ曲は、1966年から1973年ま
でアメリカで同じタイトル名で放送されていたテレビドラマ（日本では《スパイ大
作戦》として放送）でもテーマ曲として使われていたものです（図9-2）。それを知っ
ている世代の人にとっては、懐かしいテーマ曲でした。また、スパイもののコント
などでもパロディ的にも多く利用された曲なので、《スパイ大作戦》は知らないけど、
この曲は知っているという人たちも多いと考えられます。映画《ミッション・イン
ポッシブル》で利用するには、うってつけのテーマ曲でした。

スパイ大作戦のテーマ（レコード）（9-2）

のちに《ミッション・インポッシブル》に
引き継がれる

▶▶ 物語の展開に寄り添って変奏されるテーマ曲：《ひまわり》を例に

　《ひまわり（1970年）》（図9-3）は、第2次世界大戦で引き裂かれる運命のイタリア人夫婦の物語で、ヘンリー・マンシーニが印象的なテーマ曲を作曲しています（2022年に、ロシアがウクライナに侵攻したこともあり、この作品がウクライナを舞台にしたものであることでも話題になった作品です）。オープニングからひまわり畑の映像とともにテーマ曲が流れ、物語の展開に合わせて何度も変奏もされながらテーマ曲が登場しますが、テーマ曲が作品全体を通して独特の雰囲気を醸し出しています。

　イタリアで暮らす結婚前のジョバンナとアントニオの二人が海岸でデートしている場面でテーマ曲が流れますが、もの悲しい哀愁を帯びたメロディはその後の運命を予感させます。そのあと二人は結婚しますが、アントニオは兵士としてロシア戦線に向かうことになります。

《ひまわり》（9-3）

《ひまわり》

戦争で引き裂かれた二人の運命に寄り添ってテーマ曲が流れる

　ジョバンナが戦争の終わりを知るシーンでは、ピアノで演奏されたテーマ曲が流れます。アントニオの母とジョバンナが、戦争は終わったにも関わらずアントニオがロシアから戻ってこないことを嘆くシーンでも、静かにテーマ曲が流れます。ジョバンナは、アントニオは必ず生きていると信じています。

　さらに、ジョバンナが夫を探しにロシアを訪れて兵士の集団墓地を歩くシーン、ロシアで新たな家庭を築いている夫との再会シーンでもテーマ曲が流れます。ジョバンナが列車から降りてきたアントニオを見つけた再会のシーンでは、フルオーケストラでテーマ曲を奏でます。ジョバンナは、アントニオが乗ってきた列車に飛び乗り、泣きながらイタリアに戻ります。

　ジョバンナがイタリアに戻り母親に夫のことを告げるシーンではギターで演奏されたテーマ曲、妻を忘れられない元夫がロシアからが訪ねて来るシーンではピアノとギターで演奏されたテーマ曲が流れます。最後に、ジョバンナは元夫と別れて生きる決意をし、夫もロシアへ戻るシーンでエンディングとなりますが、ここでもテーマ曲が流れて、悲哀に満ちた物語を総括します。アントニオが乗る列車を見つめ、泣きながら見送るジョバンナを映すシーンでは、フルオーケストラでテーマ曲をじっくりと聴かせ、視聴者が感傷的な余韻に浸れるような演出となっています。そして、エンドロールでは、オープニングと同様に、ひまわり畑の映像とともにもう一度テーマ曲が流れます。

　ここまで見ているとテーマ曲がすっかり耳になじみ、物語の象徴として記憶に残ります。映画音楽を語るときに、「曲を聴くと映画の印象的なシーンがよみがえる」とい言われますが、テーマ曲は印象的なシーンを思い出させる楽曲なのです。

COLUMN　テーマ曲に求められる特性

　テーマ曲（あるいはライトモチーフ）は、登場人物やある状況などをシンボリックに表す音楽です。作品の中で意味づけられた曲ということもできるでしょう。従って、テーマ曲は、対象とする人物や状況とピッタリとあったムードを持つことがふさわしいと考えられます。エネルギッシュな人物のテーマ曲にはパワフルな音楽、やさしい人柄の人物には穏やかな響きの音楽がふさわしいでしょう。音楽と映像の対位法の手法は、テーマ曲には使うことは難しいと思われます（チャレンジングなアイデアですが）。また、憶えやすいメロディであることもテーマ曲には必要とされます。記憶に残るメロディや音色により、テーマ曲がその機能を発揮しやすくなるのです。

映像作品のテーマ曲は転用される

テーマ曲はパロディにされ、パクられ続ける

　ある映像作品のテーマ曲が、別の映像作品のテーマ曲として再利用されることもあります。また、有名なテーマ曲になると、映像作品との結びつきが強いことから、パロディ的にも利用されます。

▶▶ **テーマ曲は引き継がれる、引用される**

　映画《ミッション・インポッシブル》シリーズのテーマ曲は、編曲は変わっていますが、かつて《スパイ大作戦》のタイトルでテレビ放送されていたテーマ曲を踏襲していることを紹介しました。テーマ曲はシリーズ化された場合やリメイクが制作された場合、引き継がれて利用されることも多いようです。

　《ゴジラ》のテーマ曲は、伊福部昭が作曲した楽曲としてよく知られていますが、その後何度も制作された一連のシリーズを通して使われてきました。また、パロディとしての用法も含め、いろんな作品で聞く機会の多い曲です。そのため多くの人が知っている曲となっています。それだけテーマ曲が身近になると、映画の中でテーマ曲が流れると盛り上がり方が違います。ハリウッド版の《ゴジラ キング・オブ・モンスターズ（2019年）》（図9-4）では、斬新な**アレンジ**が施された形ですが、日本版のゴジラのテーマ曲や『モスラの歌』が使われていて、楽しませてくれました。作曲者が日本版ゴジラに敬意をはらってくれたようです。

　映画などで人気を得てシリーズ化される場合やテレビドラマが人気を得て劇場版として映画化されるといった展開はよくありますが、テーマ曲はだいたい踏襲されて使われています。作品や主人公とテーマ曲との強い結びつきは大きな財産ですから、それをなかなか捨てられないものです。

《ゴジラ キング・オブ・モンスターズ》(9-4)

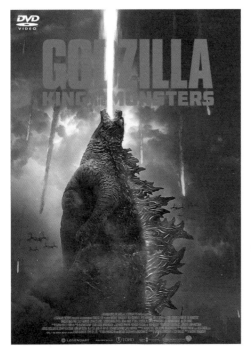

日本版ゴジラのテーマ曲を引用

《ゴジラ キング・オブ・モンスターズ》
「ゴジラ　キング・オブ・モンスターズ
（2枚組）」
Blu-ray & DVD 発売中
Blu-ray：5,280円（税抜価格 4,800円）
DVD：4,180円（税抜価格 3,800円）
発売・販売元：東宝

▶▶ テーマ曲はパロディにされる

　《探偵ナイトスクープ（1988年〜）》というバラエティ番組では、視聴者から
の要望に応じて各探偵が要望を実現することによって番組が作られます。ある回
で、「街に音楽をつけて下さい」という要望が寄せられました。この要望に応じて、
担当の探偵は、ラジカセから音楽を再生しながら、街をぶらつきます。駐車違反
を取り締まる警察官に遭遇した時には《太陽にほえろ！（1972-1986年）》のテー
マ曲を再生します。ベビーカーを押す子供に遭遇した時には《子連れ狼》のイメー
ジソングを流します。女子高生のグループに遭遇した時には、《高校教師（1993
年）》のテーマ曲を流します。

　『太陽にほえろ！』は同名の刑事ドラマのテーマ曲（メイン・テーマ）、『子連れ
狼』は同名の時代劇漫画のイメージソングで、その映画版やテレビドラマ版でも

活用されました。『ぼくたちの失敗』は森田童子の曲（シングル）でしたが、後に《高校教師》の主題歌に起用されました。それぞれ警察、子供、高校生の連想から、それに関連したドラマの音楽を流して、笑える映像を制作したのです。このようにテーマ曲や主題歌は**パロディ**として利用できるのです。

　このようなテーマ曲のパロディ的利用は、バラエティ番組などでは盛んに行われています。船が出てくる映像では《パイレーツ・オブ・カリビアン（2003年）》のテーマ曲を合わせるとかが典型的な例です。企業の紹介などで、すごい商品が登場するときに《ゴジラ》のテーマ曲を使うというような利用法もよくみられます。怪獣的な存在であることを示す意図なのでしょう。

▶▶ テーマ曲は乗っ取られる

　有名なテーマ曲は、純粋に音楽としても楽しまれていますし、パロディ的な使い方もされますが、さらにパロディを超えて乗っ取られてしまうこともあります。《八十日間世界一周》（**図9-5**）は世界をめぐる旅を描いた作品ですが、テーマ曲も広く知られています。このテーマ曲を《兼高かおる世界の旅》（**図9-6**）というテレビ番組が（そのままパクって）テーマ曲として用いました。《兼高かおる世界の旅》は、まだ海外旅行が一般的でなかった時代に世界各地を旅行した様子を紹介する旅番組で、当時の人気番組でした。番組は1959 ～ 1990年にわたって放送され、テーマ曲は多くの人の耳に残る曲となり、オリジナルの《八十日間世界一周》を知らない人は、この番組のシンボルとなる曲としてのイメージを持つようになりました。まるで、テーマ曲が乗っとられたような状況です。

第9章　映像作品におけるテーマ曲の役割：盛り上げに大活躍

《八十日間世界一周》(9-5)

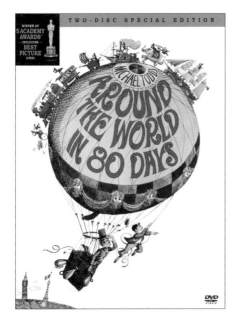

テーマ曲が乗っ取られた

DVD 1,572円(税込)
発売元：ワーナー・ブラザース ホームエンターテイメント
販売元：NBC ユニバーサル・エンターテイメント

《兼高かおる世界の旅》(9-6)

テーマ曲を乗っ取った

　しかし、**テーマ曲の使いまわし**はそれでは終わりません。ユーキャンという会社が《世界の絶景BEST100》というDVD（図9-7）を発売したのですが、そのコマーシャルの音楽に《八十日間世界一周》のテーマ曲が使われています。オリジナルの映画のイメージを持つ人にも《兼高かおる世界の旅》のイメージを持つ人にもアピールする選曲なので、効果的ではあります。

テーマ曲が使いまわされた

　《八十日間世界一周》のテーマ曲の使いまわしは、「世界」とか「旅」とかがキーワードとして共通しているので、たとえ乗っ取ったとしても、理解可能です。しかし、なぜそのテーマ曲を使いまわししたのか、理解しがたい例もあります。例えば《料理の鉄人（1993 ～ 1994年）》という料理をテーマにしたバラエティ番組のオープニング曲として、《バックドラフト（1991年）》のテーマ曲が使いまわしされていました。《バックドラフト》は火災と戦い続ける消防士を描いたドラマですが、《料理の鉄人》はシェフたちが料理の腕を競いあう一種のショウを番組にしたものです。両者の関連は、あんまりありそうもありません。

　《料理の鉄人》では、そのタイトルが出てくるところで炎が燃えあがる映像が使われているので、そこからの連想でこの曲が選ばれたのでしょう。このテーマ曲は

『Show Me Your Firetruck』というタイトルなので、「本気で料理の腕を見せてくれとのメッセージが込められているのかもしれません。「どちらもショウカ（消火と消化）が大事でしょう」とかが理由だと、「謎かけ」ですね。そういったメッセージが伝わったかどうかはわかりませんが、このテーマ曲は《料理の鉄人》のオープニングとてしてふさわしい雰囲気を醸し出し、番組も高い人気がありました。動画サイトには、この曲をパロディとして使われる動画が結構ありますが、たいがい《料理の鉄人》のパロディ動画です。

　なお、《がっちりマンデー!!》での例なのですが、窒素を使った消火装置の紹介の場面で『Show Me Your Firetruck』が使われていました。《バックドラフト》が消防士の物語なので、消火つながりでそのテーマ曲を利用したのでしょう。しかし、この曲で《料理の鉄人》を思い浮かべた人も多かったのではないでしょうか。

COLUMN

スター死亡のニュース番組でテーマ曲が流れる

　映画やテレビで活躍した俳優やタレントが亡くなると、テレビのニュース番組ではその経緯を紹介します。ニュースでは、彼らの業績、家庭生活、代表作、死に至った経緯などが映像資料とともに紹介されますが、必ず代表作のテーマ曲を伴っています。代表作が数多くなる場合には、テーマ曲メドレーのようになってしまいます。映画やテレビ番組では、多くの人が制作に関わるので、俳優やタレントだけではなく、有名な監督、脚本家、作曲家などが亡くなったときにも、テーマ曲が流れます。テーマ曲とともに、ご冥福をお祈りしましょう。

9-4

さまざまなテレビ番組でも
テーマ曲が用いられている

テーマ曲は番組の象徴を越えて地域の象徴にもなる

テーマ曲は、ドラマだけに限らず、ニュースやバラエティ番組などでも利用されています。ニュース番組では、番組構成を変更するときに、テーマ曲を変えて新鮮さをアピールすることもあります。

▶▶ さまざまなテレビ番組のテーマ曲

テーマ曲の利用は映画で始まり、テレビでも同じように用いられています。テレビの場合には、ドラマだけでなく、ニュース番組、情報提供番組、バラエティ番組等、さまざまな番組があります。テーマ曲は、ドラマのような番組だけでなく、ニュース番組、バラエティ番組、情報提供番組等でも利用され、番組のシンボル的存在として親しまれている楽曲も少なくありません。

こういった番組のテーマ曲は、オリジナルの曲を用いる場合もあれば、既成曲を活用する場合もあります。《兼高かおる世界の旅》《料理の鉄人》のように他の作品のテーマ曲を使いまわすことも、結構あるようです。

もちろん、番組のテーマ曲はパロディにも大いに活用されています。《徹子の部屋》（図9-8）は1976年から続く長寿番組で、司会の黒柳徹子とゲストのトーク番組です。物まね芸人が黒柳徹子の真似をしてこの番組のパロディをコントにして笑いを誘うといったときに、この番組のテーマ曲を用いて《徹子の部屋》感を演出します。

第9章 映像作品におけるテーマ曲の役割：盛り上げに大活躍

183

《徹子の部屋》（9-8）

　吉本新喜劇のテレビ放送のオープニングなどで流される「ホンワカパッパ ホン
ワカパッパ」の擬音語表現で親しまれているテーマ曲は、もとはレオ・ウッドと言
う人が作曲した『Somebody Stole My Gal（恋人を取られて）』という楽曲で、
吉本新喜劇ではピー・ウィー・ハント楽団がデキシーランド・ジャズにアレンジし
たバージョン（図9-9）をテーマ曲として用いています。この曲は、今や吉本新喜
劇のシンボル的な曲になっています。これも《がっちりマンデー！！》での使用例
なのですが、大阪の地元アイス「551蓬莱アイスキャンデー」を工場で作ってい
る場面に、この吉本新喜劇のテーマ曲を流していました。「大阪を象徴する吉本新
喜劇を象徴するテーマ曲」という繋がりで、『Somebody Stole My Gal』を「大
阪を象徴する曲」として選曲したのでしょう。ちょっと強引な選曲であるような気
もしますが、分かってもらえるでしょう。

ピー・ウィー・ハント『Somebody Stole My Gal』(9-9)

吉本新喜劇のシンボル

▶▶ ニュース番組のテーマ曲

　ニュース番組でも、ほとんどの番組で、テーマ曲を使っています。オープニングやエンディングでテーマ曲が流れるのは一般的ですが、スポーツ・コーナーはまた別の元気のいい音楽を利用するといった使い方をする番組も結構あります。テーマ曲とは限りませんが、天気予報のコーナーもそのコーナー専用の音楽を利用するケースもあります。

　ドラマなどと違うのは、ニュースの場合、年度の変わり目などに、オープニングの映像が変更されると、それに伴ってテーマ曲が変わることです。ニュース番組は、なんらかの形で継続することが一般的ですが、やはり雰囲気を一新したいという時期もあるわけです。そんなときに、テーマ曲を変更すると、雰囲気がガラリと変わるので、フレッシュな気持ちで番組を楽しむことができます。

　ドラマなどでは、テーマ曲が変わると主人公のキャラクタが変わったように感じられ、同じイメージが保てなくなり、ファンが離れてしまう恐れがありますが、ニュース番組ではそんな恐れはありません。従って、番組をリニューアルしたときなどは、思い切ってテーマ曲を変えるのです。

　また、番組によっては、テーマ曲を担当しているミュージシャンをゲストとして迎えて、生で演奏させるといった演出をすることもあります。オープニングで、なんかいつもと雰囲気が違うなと思って見ていると、ライブでパフォーマンスを行っている映像が映し出されるというような演出です。いかにもテレビらしい演出ですが、楽しめますね。

COLUMN

《ボルサリーノ（1970）》

　アラン・ドロンとジャン・ポール・ベルモンドというフランスの2大スターが共演したことで話題を呼んだ《ボルサリーノ（1970）》のテーマ曲も、背景音楽であったり劇中音楽であったりしながら、作品中の随所に登場します。舞台は1930年代のマルセイユです。この作品は、ロック・シフレディ（アラン・ドロン）とフランソワ・カペラ（ジャンポール・ベルモンド）の二人が、街を牛耳るギャングたちを抹殺してのし上がっていくさまを描いています。二人はファッショナブルに決めて、マルセイユの街を闊歩し、さまざまな事件を巻き起こします。

　テーマ曲はホンキートンク・ピアノを使った明るく軽やかな曲で、二人のおしゃれで軽やかな雰囲気にピッタリです。このテーマ曲は、背景音楽としては、オーソドックスにオープニングとエンディングで流れるほか、物語の節目、節目で登場します。さらに、酒場での生演奏でも、蓄音機から流れる音楽としても使われています。

　最後の場面では、シフレディの店にカペラが現れて別れを告げるのですが、この場面ではジャズバンドがテーマ曲を奏でます。カペラが去った後、シフレディはバンドの演奏を止めさせて、自分でピアノを弾いてテーマ曲を奏で始めます。そこで、機関銃の銃声が鳴り響き、カペラが撃たれ、自動車が去っていく音がします。シフレディは慌てて駆け付けますが、カペラは息を引き取ります。ここで物語は終わり、これまでの物語を振り返る白黒写真のスライド・ショーとともに、エンディングのテーマ曲が流れます。

第 10 章

映像の世界で流れている音楽：
劇中音楽

映像作品の中には、映像の中で実際に鳴っていて、映像の世界の人たちにも聞こえている音楽もあります。主人公が聴いているレコード、カーラジオから聞こえてくるヒット曲、街で流れる BGM、さらには生演奏などがそんな音楽です。物語中の音楽が、同時に映像シーンの背景音楽になっていたりもします。物語中の音楽で時代背景を表現することも可能です。物語中の音楽の利用は、音楽と映像の対位法を自然な形で導入するのにも効果的です。

日々の生活の中でたまたまラジオをつけたら音楽が流れてきたというのは単なる「偶然」です。しかし、ドラマの中で主人公がラジオをつけて音楽が流れてきたら、それは、何らかの意図をもって、演出されて鳴らされた曲です。ドラマの中で「意図的に」偶然流れる音楽の使い方によって作品の出来が決まります。音楽の選択に作り手のセンスが問われるのです。

10-1
映像作品の中で流れている音楽もある

劇中音楽とはドラマの中で「意図的に」偶然流れる音楽

映像作品によっては、展開される物語の中で偶然聞こえている音楽も存在します。映像作品の中では、こういった劇中音楽も演出されたものです。劇中音楽をどう効果的に使うかで、作品の出来が決まります。

▶▶ 映像の中の世界で流れている劇中音楽（diegetic music, source music）

映像に組み合わされる音楽は、様々な効果を醸し出しますが、映像の世界に登場する人たちには、通常、その音楽は聞こえていません。「通常」とわざわざことわったのは、映像作品の中には、映像の世界の中で実際に鳴っていて、映像の世界の人たちにも聞こえている音楽もあるからです。主人公が聴いているレコード、カーラジオから聞こえてくるヒット曲、街で流れるBGM、さらには生演奏のシーンなどがそんな「音楽」です。

映像の中の世界で鳴っている音のことをdiegetic soundと呼びますが、それにならってそこで鳴っている音楽はdiegetic musicとも言われています（図10-1）。音源が映像の世界に存在するので、source musicという呼び方もあります。本書では**劇中音楽**と呼ぶことにします。劇中で歌われる歌は**劇中歌**と呼ばれることもあります。

私たちが日々の生活の中でたまたまラジオをつけたら、サザンオールスターズの『真夏の果実』が流れてきたというのは「偶然」です。しかし、ドラマの中で主人公がラジオをつけて『真夏の果実』が流れてきたとしても、『真夏の果実』は偶然そこで鳴っていたわけではありません。それは、何らかの意図をもって、演出されて鳴らされた楽曲です。ドラマの中で「意図的に」偶然流れる音楽の使い方によって作品の出来が決まることもあります。音楽の選択に、作り手のセンスが問われるのです。

ミッシェル・シオンの３等分の円モデル（図1-1）における劇中音楽の位置づけ：通常の音楽との対比

　劇中音楽が、同時に映像シーンの**背景音楽**になっていたりもします。物語中の音楽で時代背景を表現することも可能です。劇中音楽の利用は、**音楽と映像の対位法**を自然な形で導入するのにも効果的です。主人公が悲しみにくれる場面に、妙に明るい音楽が店のBGMとして流れてくるといった使い方です。音と映像の対比が、妙なリアリティを醸し出すのです。

▶▶ たまたまつけたラジオやテレビから流れてきた音楽

　ラジオやテレビでは、朝から晩までいろんな番組が放送されています。たまたま、スイッチを入れたら、そこから音楽が流れてくることは日常生活でもよくあることです。映像作品でも、そんなシーンはよく見かけます。もちろんそこで流れている音楽は、偶然に鳴っていたのではなく、何らかの演出意図によって選曲されたものです。

　都市を汚染した微生物の秘密を巡るバイオハザード・テレビドラマ《僕らの勇気都市（1997年）》で、主人公のキイチとヤマトが入院中のその微生物の秘密を知る人物（柴崎）と対峙する場面で、柴崎がテレビをつけるとベートーヴェンの『第９交響曲』が流れます。そして、柴崎が秘密を語りだすのですが、『第９交響曲』は、

背景音楽として流れ続けます。会話中ときたまテレビ画面を映す短いショットが挿入されて劇中音楽であることを思い出させてくれるのですが、『第9交響曲』はいつの間にかまた背景音楽としての役割を果たしています。

《ワールド・トレード・センター（2006年）》は、2001年9月11日に発生したアメリカ同時多発テロ事件で崩壊したワールド・トレード・センターを舞台にしたノンフィクション映画ですが、物語は何事もなかったニューヨークの朝の通勤風景から始まります。のちにワールド・トレード・センターへ救出に向かうことになる警官の一人が警察署に向かう自動車のラジオから流れるブルックス＆ダンの『オンリー・イン・アメリカ』に合わせて、「太陽が昇っていく ニューヨーク市に スクールバスが 渋滞に巻きこまれている 子供たちの顔が バックミラーに映っている……」と口ずさんでいます。のちに起こる大惨事と対比させるための平和な朝の場面なのですが、この歌のいかにも底抜けに明るいノリノリのサウンドがそのシーンの演出効果を高めています。

アメリカの現代社会を描く《アメリカン・ビューティ（1999年）》の主人公が自動車の中で、ラジオから流れる『アメリカン・ウーマン』に合わせてシャウトする姿は、ちょっとバカっぽい雰囲気をただよわせます。主人公はギターのソロまでうなっています。そのままハンバーガーショップのドライブスルーに立ち寄る姿は、アメリカらしい生活感が漂う場面です。

▶▶ 酒場で流れていた曲が別れの曲に

人気歌手のレイチェルとその歌手を守るボディガードのフランクの愛を描いた《ボディガード（1992）》では、二人がたまたま訪れた酒場のダンスフロアで二人がダンスを楽しむときに、たまたまドリー・パートンのカントリー・ソング『オールウェイズ・ラヴ・ユー（I Will Always Love You）』が流れてきます。それだけならこの曲は大した意味を持たないのですが、フランクが身を挺してレイチェルを守り、役割を終えて、空港でレイチェルと別れる場面で、今度はレイチェル役のホイットニー・ヒューストンが歌う『オールウェイズ・ラヴ・ユー』が流れ、ステージ上で彼女が熱唱する映像に転換します。そして、フランクが新たな任務についているシーンでエンディングを迎えます。

　『オールウェイズ・ラヴ・ユー』は「愛しい人と別れても、なお愛し続け、幸せを願っている」といった内容の楽曲で、二人の別れの場面にピッタリです。ダンスフロアでの『オールウェイズ・ラヴ・ユー』は、この感動のエンディングのための伏線だったのです。歌手を登場人物にし、その役を優れた歌唱力をもったホイットニー・ヒューストンにしたのも、歌でこの感動を作りだすためだったわけです。ホイットニー・ヒューストンにとって、『オールウェイズ・ラヴ・ユー』は最大のヒット曲になりました。

> ## COLUMN 《知りすぎていた男（1956年）》の暗殺計画
>
> 　《知りすぎていた男》では、コンサートでの某国首相暗殺計画が描かれています。暗殺者は、シンバルの音に合わせて、銃を撃つ計画をしています。その計画を知った主人公の夫妻は、何とか阻止しようとします。暗殺者を見つけた妻は、大声で叫びます。その結果、弾は急所をそれ、首相は一命をとりとめます。このコンサートで演奏された曲は、Arthur Benjaminの『Cantata The Storm Clouds』という曲でした。ロンドン交響楽団が演奏を務め、この映画の音楽を担当したバーナード・ハーマンが指揮を担当しています。
>
> 　10-4節で紹介する『ケ・セラ・セラ』の話は、この事件のあとに展開されます。この映画のオープニングもオーケストラでの演奏で始まり、シンバルの余韻とともに「シンバルの一打にそのアメリカ人一家はいかに心身を揺るがされたか」と思わせぶりな字幕が入ります。《知りすぎていた男》は、劇中音楽をうまく活用した作品です。

10-2
映像作品の中で生演奏が
聞こえてくる

映像作品の生演奏は劇中音楽と背景音楽を行き来する

　映像作品の中で、生演奏が奏でられることもあります。その生演奏がいつの間にか背景音楽の役割をしていることもあります。また、宇宙人の歌のように、現実の世界ではありえないような生演奏を楽しませてくれる作品もあります。

▶▶ 生演奏もドラマの背景音楽になる

　《タイタニック（1997年）》の船が沈むシーンで奏でられていた弦楽四重奏（図10-2）は、劇中音楽のうまい使い方でした。このシーンではタイタニック号のレストランで演奏していた楽団が沈みゆく船の中で乗客を落ち着かせるために演奏し続けていたのですが、もう限界と判断したリーダーが「ここまでだ」と楽団員に言いながら、また一人で演奏を開始します。そのときの楽曲が、キリスト教の葬式などで歌われる賛美歌『向上』（主よみもとに近づかん）でした。「グッバイ」と言って一度は去りかけた他の楽団員も次々と演奏に加わります。この曲は沈みゆく船の乗客の様子を紹介するシーンの背景音楽としても効果的です。また、その穏やかな感じのメロディと、その次にくる緊張感あふれる背景音楽との対比も印象的です。

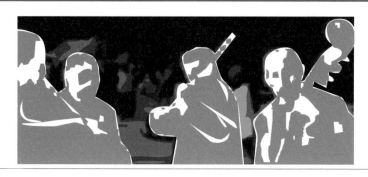

沈みゆくタイタニック号で演奏を続ける弦楽四重奏団（10-2）

　《ミッション・インポッシブル ローグネイション（2015年）》（図10-3）では、ウィーンのオペラ座でオペラ『トゥーランドット』が上演されている最中に、スパイ同士の迫力あるバトルが展開されます。舞台ではオペラが上演され、『トゥーランドット』の音楽が流れる中、舞台の真上のキャットウォークなどでスパイ同士が激しい争いを行っているのです。そのうち1人はオペラを鑑賞しているオーストリア大統領を狙撃しようとするのですが、楽譜を見ながらクレッシェンドして一番盛り上がる瞬間を狙うという手の込んだ演出で音楽をストーリーに取り組んでいます。

　なお、オーケストラの迫力ある音量を活かして、そこで狙撃しようとするたくらみは《ミッション・インポッシブル ローグネイション》以前の映画でも描かれています。ヒッチコック監督の《知りすぎていた男》では、スパイがロイヤル・アルバート・ホールのコンサートでそんな計画をしていました（コラム参照）。

スパイたちのオペラ上演中のバトル（10-3）

ここで狙撃

《ミッション・インポッシブル　ローグネイション》のオペラ公演中におけるアクションシーン

▶▶ 映像の世界でのみ成り立つ生演奏を利用する

　映像作品においては、宇宙だったり、過去の世界だったり、未来の世界だったり、海中の世界だったり、ロボットと人間が共生する世界だったり、なんでも描けるわけです。映像の中で生演奏される音楽にも、現実の世界であればありえないような演出が可能です。

　（地球人以外の）宇宙人の音楽演奏なんて、だれも聞きたいことないと思うのですが、映像作品の中では楽しむことができます。SF映画の《フィフスエレメント（1997年）》で、宇宙船内のホールで宇宙人が歌う場面があります。前半は、『ランメルモールのルチア』というオペラの曲、後半はロック調の『ディーヴァ・ダンス』という曲を歌います。『ディーヴァ・ダンス』の最後はボーカルにエフェクトをかけて、宇宙人ぽくしています。

　『ランメルモールのルチア』の歌いだしの部分ではホールでのコンサートの場面なのですが、途中からホールの場面と宇宙船内の別の場所の場面が交互に登場します。この音楽はホールの場面では映像の中の劇中音楽なのですが、別の場面では同じ音楽が背景音楽の役割を果たします。宇宙船内の別の場所では格闘が始まるのですが、ヒロインの女性が襲ってきた宇宙人を殴るパンチや蹴りと音楽のアクセントが同期するなど、音と映像の同期の効果も利用しています。

　核戦争後に生き延びた人たちの戦いを描いた《マッドマックス 怒りのデスロード（2015年）》で、脱走者を武装集団が追いかける場面があります。その武装集団のトラックの一台には大量のスピーカが搭載され、トラックの前部に派手なダブルネックのエレキギターを演奏するギタリスト、後部にリズムを刻むドラム集団が乗り込んでいます。彼らは、武装集団を鼓舞するようにヘビーメタル調の演奏を行います。音楽で軍隊を鼓舞することは古くから行われていましたが、ヘビーメタルの演奏で鼓舞するというのは映像作品ならではの演出です。しかも、エレキギターが、演奏中、炎を噴き出すという演出までされています（図10-4）。その後、このギタリストは戦いにも巻き込まれるのですが、敵に襲われながらも演奏を続けるという勇ましいギタリストとして描かれています。その場面では、背景音楽が流れているのですが、ギターのパートは劇中音楽として演奏されています。

『マッドマックス　怒りのデスロード』に出てくる火を噴くエレキギター（10-4）

『マッドマックス　怒りのデス・ロード』デジタル配信中
ブルーレイ 2,619円(税込)／ DVD 1,572円(税込)
発売元：ワーナー・ブラザース ホームエンターテイメント
販売元：NBC ユニバーサル・エンターテイメント

▶▶ 背景音楽が実は生演奏だった

　生の音楽演奏がそのままドラマの背景音楽となるような展開と逆に、ドラマの最中に音楽が流れてきて、背景音楽だと思って聞いていたら、実は生演奏だったいう展開もあります。僻地医療に取り組む名医が実はニセ医者だったという《ディア・ドクター（2009年）》で、そんな場面があります。ニセ医者であることが警察にバレてニセ医者が逃亡し、ニセ医者がいた村や診療所のその後の風景や生活を描く場面で、ブルースハープ（ハーモニカ）のソロ演奏が流れてきます。この映像につけられた背景の音楽かなと思って聞いていると、かつてニセ医者がいた診療所の前のバス停のベンチに座った若者が、ハーモニカを演奏しているシーンが挿入されているのです。

　作品中の音楽が映画における音楽の役割をパロディックに示すように利用されている例もあります。《新サイコ（1977年）》で、主人公の医師が空港から自動

車に乗って任地へ向かう途中、運転手から前任者が殺されたことを告げられるシーンで、なんだかあやしい音楽が聞こえてきます。いかにも、映画音楽風にです。しかし、実際には、オーケストラがバスで移動中に演奏していた音が聞こえてきたものでした（図10-5）（そんなことをするオーケストラがいるかどうかは不明ですが）。背景の音楽と思わせておいて、「実は作品の世界の生演奏（劇中音楽）だった」というオチです。ここで、物語の世界ではそんな音楽は鳴っていないという、映画音楽のウソに気づかされます。この作品自体がヒッチコック監督の作品のパロディになっていて、ヒッチコック映画の音楽をパロディックに扱ったわけです。

《新サイコ》のオーケストラがバスで移動中に演奏している場面（10-5）

実は生演奏

　キムタクが出演する《日産エクストレイル（New X-TRAIL e-4ORCE）のテレビコマーシャル（TVCM）「悪路も悠々」篇（2022）》（30秒版）も、30秒ほどのドラマの中で、**実は生演奏**の手法が活用されています。このテレビCMでは、耳に残るバイオリンのソロで始まり、バイオリンの演奏を背景音楽にして、キムタクが雨に濡れた山道や凍結した悪路でさっそうと日産エクストレイルを運転しています。途中に、バイオリンの演奏場面が一瞬示されるのですが、それだけでは「実は生演奏」とは思いません。単に、演奏風景を挿入したに過ぎないので、録音風景を挿入したとも解釈できます。最後になって、後部座席に座って演奏しているバイオリニストが映され、やっと「実は生演奏だった」ことが明かされます（図10-6）。《新サイコ》と似たような展開ですね。テレビCMのメッセージとして、自動車

内でバイオリンの演奏ができるくらいの走行安定性と、そのバイオリン演奏を楽しみながらドライブを楽しめる静かさをアピールしたかったのでしょう。そのために、後部座席でのバイオリン演奏という劇中音楽の手法を用いたのです。実際に車中でバイオリン演奏が可能かどうかはあやしいものですが、「やっちゃえNISSAN」ということになったのでしょう（テレビCMに小さく「※CM上の演出です」という言い訳がありますが）。

自動車の後部座席でバイオリン演奏（10-6）

実は生演奏

COLUMN　刑事コロンボがチューバを演奏する

　《刑事コロンボ48話『幻の娼婦』（1989年）》で、コロンボがチューバを演奏する場面があります。聞き込み捜査のためミュージック・センターを訪れたコロンボが、子供たちを相手にした音楽教室を開いていた講師からすすめられてチューバを演奏することになるのです。意外なことに、コロンボはチューバの名演奏者で、調子にのって演奏します。背景音楽として伴奏も加わり、軽快な演奏が続きます。ミュージック・センターの外の噴水も、演奏に合わせて水が上がったり下がったりします。

　この回はセックスカウンセラーの女性が起こした殺人事件を扱ったもので、この場面は事件と関わることはありませんし、何かの伏線となっているようなこともありません。ちょっと抜いたエピソードで、なごませてくれる場面に劇中音楽が使われているのです。しいて関連をあげれば、講師とコロンボが『チューバ・マーチ』で合奏しながら子供たちと行進していったあとに、犯人の女性も証拠隠滅のためにミュージック・センターを訪れることです。

第10章　映像の世界で流れている音楽：劇中音楽

10-3
映像作品の中で意図して鳴らされる劇中音楽

意図して鳴らす劇中音楽には重要な意味がある

劇中音楽の中には、ある意図をもって流されたり、ある意味を伝えたりするために流される音楽もあります。テーマ曲や主題歌を劇中音楽として使うことも効果的です。

▶▶ 映像作品の世界で意図して鳴らす音楽

ベトナム戦争を舞台に戦争の狂気、惨劇を描いたフランシス・コッブラ監督の《地獄の黙示録(1979年)》で用いられ、この映画をシンボリックに表すほど有名になったのはワーグナーが作曲した『ヴァルキューレの騎行』です。アメリカ軍のヘリコプターが攻撃を行うときに、この楽曲を流すのです（図10-7）。そしてこの曲は、アメリカ軍がベトナムの村を激しく攻撃し、ベトナム人が逃げ惑う様子の映像の間中流されます。機長の「低空で接近し音楽を流す。ワーグナーがいい。脅しに効果的だ」との命令で、オープンリールテープ再生機を利用してヘリコプターに取り付けられたスピーカから、大音量でこの曲を流したのです。この曲は楽劇『ニーベルングの指輪』で用いられた曲ですが、この曲を聞くと《地獄の黙示録》を思い浮かべる人の方が多いかもしれません（そのパロディで聞いた人はもっと多いような気もします）。

音楽を流しながら攻撃するヘリコプター（10-7）

《地獄の黙示録》で爆撃しながら大音量で「ヴァルキューレの騎行」を流すアメリカ軍のヘリコプター

　高校生の男女の甘く切ない恋愛を描いた《ハイスクール・ラヴァーズ（2018年）》で、自動車の中で女の子が自分の好きな音楽について語る場面でも、劇中音楽が効果的に使われています。その場面では、女の子が「パガニーニの母親が、自分の息子を世界一のバイオリニストにするために悪魔に魂を売ったのよ」とウンチクを傾けながら、カー・オーディオからギター用に編曲されたパガニーニの『24の奇想曲』を流します。この女の子は変わった子なのですが、高校生がカー・オーディオで聴くにはちょっと変わったこの曲で、その風変わりな性格を象徴しているのです。この子を好きな男の子は、女の子に好かれようと、女の子の好きな音楽も理解しようとする場面です。

　殺された男が幽霊となって復讐を果たすさまを描いた《ゴースト／ニューヨークの幻（1990年）》の主題歌として使われた『アンチェインド・メロディ』も、物語の中では劇中音楽として登場します。陶芸家のモリーが作品を制作中に、ジュークボックス（自動的にレコードを演奏する装置）から『アンチェインド・メロディ』を流します。そこに恋人のサム（後に殺されることになります）が現れて後ろから抱きしめるのですが、『アンチェインド・メロディ』は二人のラブシーンの背景音楽としての役割を果たしています（図10-8）。『アンチェインド・メロディ』は、ライチャス・ブラザーズが1965年にリリースした既成曲ですが、この美しいラブシーンにぴったりの情緒あふれる甘いメロディの曲でした。「僕の愛　僕の愛しい人　焦がれてやまない　君のぬくもり……」と歌われる歌詞も、この場面にふさわしいもので、この曲を聴かせるためにこの場面があるかのようです。

第10章　映像の世界で流れている音楽：劇中音楽

COLUMN　ミュージシャンの死を伝えるニュースで代表曲を流す

　有名な歌手、演奏家、作曲家、作詞家など、音楽関係の仕事をしている（していた）人が亡くなると、ニュース番組はそのことを伝えます。死亡の経緯ともに、その方の業績の紹介や交流のあった方々のインタビューが流されます。そのときの背景音楽には、必ずその方の代表曲が使われます。大スターだと、数曲がメドレーのように流されることもあります。心に響く音楽の使われ方です。

『アンチェインド・メロディ』が流れるラブシーン（10-8）

©1990, 2020 Paramount Pictures.

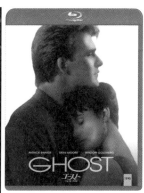

『ゴースト / ニューヨークの幻』
Blu-ray デジタル・リマスター版：2,075 円 (税込)
DVD スペシャル・エディション：1,572 円 (税込)
発売元：NBCユニバーサル・エンターテイメント
※2023年1月の情報です。

　《グッドモーニング，ベトナム（1987年）》は、ベトナム戦争中にラジオ放送のDJとして活躍した兵士の物語ですが、ある日ルイ・アームストロングが歌う『この素晴らしき世界（What a Wonderful World）』を流します。この曲は、1967年に「ベトナム戦争を嘆き平和な世界を夢見て書かれた曲」として知られていますが、ベトナムの牧歌的田園風景と空爆等による戦場の現実を描いた映像とともに流れます。この間、台詞や環境音はなく、ルイ・アームストロングの味のある歌声がゆったりとしたテンポで続きます。『この素晴らしき世界』とは皮肉なタイトルですが、そのメッセージを伝える演出でもある選曲でした。

▶▶ 生演奏でテーマ曲が流れる

　9章でテーマ曲のさまざまな使い方を述べましたが、テーマ曲を映像作品中の生演奏のシーンで用いるという演出を行っている作品もあります。生演奏で登場すると、背景音楽として使われる場合とは異なった効果をもたらします。
　しがない4回戦ボーイからヘビー級チャンピオンの座を獲得したボクサーを描く《ロッキー》シリーズの第3作《ロッキー3（1982年）》では、ロッキーの栄

誉をたたえて作られた銅像の序幕式で、ブラスバンドが演奏する場面があります。そこで演奏された曲が『ロッキーのテーマ（Gonna Fly Now）』です。このテーマ曲はロッキー・シリーズですでに観客の耳になじんだおなじみの曲なので、使われたのでしょう。もちろんこのテーマ曲は、作品中、トレーニングのシーンで背景音楽としても使われています。といっても、つなぎ的なシーンに派手な音楽が流れているので、音楽が主役のような感があります。

　第2次世界大戦下のフランス領モロッコのカサブランカで酒場を営むアメリカ人リック（ハンフリー・ボガード）と元恋人の再会と別れを描いた《カサブランカ（1943年）》（図10-9）の『As time goes by』は二人の関係性を示すテーマ曲ですが、最初の登場は酒場での生演奏でした。元恋人が、パリ時代からの知り合いのピアニスト兼歌手を見つけ、この曲をリクエストしたのがきっかけでした。二人のいわくつきの曲なのでリックが演奏を禁じているため、ピアニストは演奏を嫌

《カサブランカ》（10-9）

男女のいわくつきの曲がテーマ曲

がるのですが、彼女が無理やりに演奏させます。演奏を聞きつけて、やめさせようと戻ってきたリックと彼女が再会するという展開になります。そして、その夜、リックは再びピアニストに『As time goes by』を演奏させて、パリ時代の思い出に浸ります。その後の物語の中で、『As time goes by』は、さまざまな変奏をされて、作品中何回も登場して物語に寄り添います。『As time goes by』は、人気の映画音楽として後世に残ります。

　アニメーション映画『耳をすませば（1995年）』は既成曲の『カントリーロード』を主題歌として用い、オープニングとエンディングに用いるとともに、劇中でもこの歌を生演奏で活用しています。このアニメでは、ともに中学3年生の読書好きな月島雫とバイオリン職人を目指す天沢聖司の心温まる交流が描かれていますが、聖司のお爺さんの工房で二人が語り合う場面で『カントリーロード』の生演奏が行われます。この場面では、雫が聖司にバイオリンを弾くことを要求し、「雫が歌うなら」という条件で『カントリーロード』を演奏し始めます。その演奏に合わせて、雫は自分で訳した歌詞で『カントリーロード』を歌います。二人の合奏がお互いの距離をぐっと縮めたようです。そこへ、戻ってきた聖司のお爺さんとその仲間が古楽器で演奏に加わり、楽しそうに合奏します。雫と聖司とお爺さんが互いに打ち解けあうという場面で、『カントリーロード』のやさしいメロディが和やかな雰囲気を醸し出しています。

COLUMN　足でピアノを弾く

　ドラマの中での演奏は、虚構の世界の話ですから、何でもありの世界です。なかにはとんでもない演出がなされた音楽演奏があります。テレビドラマ《柔道一直線（1969-1971年）》では、ユニークな柔道選手が多数登場しますが、そのうちの一人・結城真吾（近藤正臣）は、なんと足でピアノを弾くことのできる選手でした。ドラマの中で、飛び上がって、手でどこかにぶら下がるわけでもなく、宙に浮いた状態で、身軽なステップで『ねこふんじゃった』を弾くのです。これを見ていた主人公の一条直也（桜木健一）は、「すげえ。なんという身の軽さだ」と驚嘆します。現実にはあり得ない演奏ですが、あり得ない演奏で驚異の身体能力を描いているのです。

10-4
映像作品の劇中音楽がドラマの中で重要な役割を担う

劇中音楽が重要なメッセージを伝える

　劇中音楽がドラマのストーリーに絡んで、重要な役割を担うこともあります。何となく鳴っていた音楽が、あとになって特別な意味を持っていたという展開です。音楽がより印象に残る演出です。

▶▶ 音楽が物語に絡む展開

　映像の中の世界で鳴っている音楽が、単なる背景音楽にとどまらず、なんらかの形でストーリーと絡んでくる場合もあります。初めて登場した時には、なんとなく口ずさんでいた音楽が、その後別の形で物語に絡んでくるというような場合です。

　ヒッチコック監督の《知りすぎていた男（1956年）》の中で歌われた『ケ・セラ・セラ』は、出演したドリス・デイにとって最大のヒット曲となりましたが、この歌がこの物語の中で重要な役割を演じます。最初にこの歌が**劇中歌**として登場するのは、モロッコに旅行にきていた夫婦が子供を寝かしつける場面です。母親役のドリス・デイが子供と一緒に踊ったりしながら『ケ・セラ・セラ』を歌うのです。その後、その子供が某国のスパイに誘拐され、夫婦は子供を救い出すためにイギリスのロンドンに渡ります。両親は子供が捕らえられている某国の大使館に行き、そこで歌手としても活躍する母親役のドリス・デイが子供に届くように『ケ・セラ・セラ』を歌います。子供はその歌を聞きつけ、指笛で答えます。父親は指笛をたよりに子供を救い出すのです。

　よれよれのコート姿で現れ、鋭い推理で犯人を追い詰めるスタイルが特徴の《刑事コロンボ》シーズン1の第9話『パイルD-3の壁（1972年）』では、劇中音楽がコロンボの推理に絡みます。この回は、実業家からの援助を打ち切られた高名な建築家が実業家を殺害する事件を描いていますが、カーラジオからの音楽が犯人推理の手がかりとして描かれています。建築家は実業家を殺害するのですが、

実業家がまだ生きているように思わせるために、海外へ出張中であることを偽装します。そのために、建築家は実業家の車で空港へ向かいます。しかし、連絡が取れないことを不審に思った実業家の元妻が通報したことにより、コロンボが捜査を進めることになります。コロンボは、海外出張は偽装であり建築家が実業家を殺害したと推理するのですが、手がかりの一つが残された実業家の車のカーラジオでした。実業家は**カントリー・ミュージック**の大ファンで、車ではいつもカントリー・ミュージックを聴いていました。ところが、残された車のカーラジオは、クラシック音楽専門の放送局が選局されていたのです。そこで、コロンボは、車を運転していたのが、実業家ではなく建築家であることを突き止めます。

▶▶ 音楽が記憶をよび戻す

　《馬上の二人（1961年）》は、保安官のガスリー・マケーブと陸軍のジム・ゲイリイ中尉が協力してコマンチ族に拉致された白人を救出する西部劇です。彼らはコマンチ族から少年ウルフを救い出し、名乗り出た母親に引き渡します。しかし、長年コマンチ族として育ったウルフは、英語も話せず、コマンチ族に戻りたいがために名乗り出た母親を殺害してしまい、その罪で処刑されることになりました。その頃、ジムはマーティという娘をダンスパーティーに誘いますが、マーティも弟のスティーブをコマンチ族にさらわれ、弟が寝る時も離さないくらい大事にしていたオルゴールを手放さずに持っていました。珍しがったジムはそのオルゴールを鳴らしますが、悲しい思い出があるマーティはすぐに止めてしまいます（この場面がこのオルゴールがストーリーと絡む伏線になっています）。

　ウルフが処刑の場所へ連行される途中、パーティーから戻ったジムとマーティのそばを通りかかり、ウルフが暴れ出し、マーティのオルゴールにぶつかって、オルゴールを落としてしまいます。その拍子にオルゴールがマーティルイジ・ボッケリーニの『ボッケリーニのメヌエット』を奏でます。それを聞いたウルフは、「mine（俺のだ）mine mine mine mine……」と叫びつづけます。このメロディが、彼の記憶を呼び戻したのです。英語も思い出したようです。ウルフこそがマーティの弟スティーブだったのです。オルゴールのメロディが、離れ離れになっていた姉と弟を再び引き合わせたのです。マーティは処刑をやめるように泣き叫びますが、

その願いは受け入れられませんでした。悲しみに暮れたマーティは、オルゴールを叩き潰してしまいます。『ボッケリーニのメヌエット』はそこで終わります。

▶▶ 切ない恋に寄り添う劇中音楽

　余命いくばくとなり、思いを告げられぬまま別れた男を探す老婦人を助ける図書館司書の吉井さくら（小芝風花）を描いた《天使のいる図書館（2017年）》（図10-10）で、二人の思い出と別れ、そして再会を象徴する曲として『夜明けのうた』が使われています。最初は、老婦人とさくらが老婦人の思い出の地を探す途中で訪れた山中で老女が静かに「夜明けのうたよ　私の心の　昨日の悲しみ　流しておくれ」と歌います。

　さらに、老婦人が彼との日々と別れを回想する場面で、引っ越しの準備をしながら聞いていたラジオから岸洋子が歌う『夜明けのうた』が流れてきます。この曲は1964年のヒット曲なので、この場面ではその時代を感じさせる音楽としての機能を果たしています。しかも、歌に交じってアナログレコードから発生する**スクラッチノイズ**（今どきのDJのスクラッチではなく、レコードの傷やホコリとレコード針によって生ずるパチパチというノイズ）を入れて、時代感を演出しています。また、この場面では、回想シーンではありますが、映像の世界の中の音としての位置づけです。老婦人はかつて高校教師で、彼は写真好きの生徒でした。この場面では、『夜明けのうた』はこの高校教師がみずからラジオのスイッチを切って、突然終わります。彼への思いを断ち切るかのように。

　その後、別れた彼との再会の場面がありますが、ここで再び『夜明けのうた』が流れてきます。はじめはススキ野原の中で老女がこの歌の「夜明けのうたよ　私の心の　あふれる　思いを　わかっておくれ」の歌詞を静かに語りかけるように歌い出します。そして、「先生」と呼びかける声とともに彼が現れて再会を果たすシーンになると、背景音楽として『夜明けのうた』が流れます。この映画のクライマックス・シーンです。最初はインストルメンタルの間奏部分が流れ、そして歌が始まり、「夜明けのうたよ　私の心に　想い出させる　ふるさとの空」で終わります。老婦人の心の中で彼のことを思い続けたことの象徴として『夜明けのうた』が使われたのです。この歌の歌詞もこの場面に寄り添っています。この場面では、回想シーンと

は異なり、曲が途中で中断されることなく、最後まで奏でます。ラジオのスイッチを切って中断した『夜明けのうた』が、この場面で完結したのです。

　それからしばらくして、老婦人は息を引き取ります。祭りのシーンで、さくらは、涙を流しながら『夜明けのうた』をふるえるような声で、最後はハミングになりながら口ずさみます。この曲によって、さくらは彼女のことを忍んで泣いていることが伝わります。

《天使のいる図書館》（10-10）

切ない恋に寄り添う
『夜明けの歌』が流れる

「天使のいる図書館」
監督：ウエダアツシ
©2017「天使のいる図書館」
製作委員会

▶▶ タイムスリップすると劇中音楽は新しい意味を担う

　「マルディグラ」と呼ばれるニューオリンズのお祭りの日におこったフェリーの爆破事件の捜査にあたるアメリカ連邦捜査機関ATF（アルコール・タバコ・火器局）のダグ・カーリンの捜査を描いた《デジャブ（2006年）》では、波止場でブラスバンドが『聖者の行進』を演奏する様子が描かれています。さらに、この場面では、フェリー内の駐車場に並ぶ自動車の消し忘れたカーラジオからビーチボーイズの

『ドント・ウォリー・ベイビー』が流れてきて、『聖者の行進』と2つの劇中音楽が混在します。フェリーの職員がどの車から『ドント・ウォリー・ベイビー』が聞こえてくるのかを探すうちに、爆発が起こるのです（図10-11）。

《デジャブ》でのフェリーの爆破シーン（10-11）

『ドント・ウォリー・ベイビー』が流れる最中に

　それだけなら、これらの音楽は単なる劇中音楽に過ぎず、物語と関わらないのですが、この作品は**タイムスリップ**もので、ダグは過去にさかのぼってこの爆破事件を防ごうとします。このときに『聖者の行進』が再び流れます。音楽がこの事故の象徴として使用されているのです。こちらのシーンでもその後に『ドント・ウォリー・ベイビー』が流れますが、このシーンではダグは協力者の女性とともに爆弾の仕掛けられた自動車とともに水中に飛び込み、フェリーは爆破せずに済み、女性は自動車から脱出します。しかし、ダグは水中で爆発した自動車内に残ったままでした。『聖者の行進』とそれに続く『ドント・ウォリー・ベイビー』が、爆破事故が起こった時を象徴する存在として流れているのです。特に、『ドント・ウォリー・ベイビー』は、爆破の瞬間にラジオから流れていた曲です。『ドント・ウォリー・ベイビー』はビーチボーイズらしい陽気でポップな楽曲ですが、早くなんとかしないとフェリーは救えないという緊急事態を告げる曲でもあるのです。《アバウト・

タイム～愛おしい時間について～》の例でも紹介しましたが（5-4節）、タイムスリップものでは、同じ音楽を異なる意味合いで利用できるのです。

　1回目のシーンでは『聖者の行進』と『ドント・ウォリー・ベイビー』の劇中音楽2曲が混在しているのですが、背景音楽はありません。2回目のシーンでは、背景音楽が流れて、主人公たちのアクションに寄りそっています。1回目のシーンは爆発が起こるまでは一種の状況描写でなんのドラマも起こっていませんから、背景音楽はつけずにドキュメント的な描写をしたのでしょう。一方、2回目のシーンでは、爆破事件を起こそうとする犯人とこれを阻止しようとする主人公たちのドラマが描かれています。そのドラマの存在を明示するように、2回目のシーンではそのドラマに寄りそう背景音楽が加えられているのです。

　最後のシーンでは、海から救出された女性の元へ捜査官としてダグが現れて、車に乗せます（またネタバレになりますが）。そして、カーラジオから再び『ドント・ウォリー・ベイビー』が流れてきます。まだ曲は終わっていなかったのです。ちょうど最後に「Don't worry baby（心配しないでベイビィ）Don't worry baby（心配しないでベイビィ）Everything will turn out alright（すべてうまくいくから）」のリフレインが大きく流れて、物語は終わります。歌詞もエンディングにピッタリで、にくい演出が施されています。あくまでも、物語の中では偶然にカーラジオから流れてきた楽曲という設定なのですが、この曲は物語の中で重要な役割を与えられているのです。

▶▶ 映像の世界の中で歌う、演奏する

　《あやしい彼女（2013年）》は、73歳の瀬山カツが、ふと入った写真館で写真を撮ったことで、20歳のときの若々しい姿に戻り、大鳥節子として孫のバンドのボーカリストとして活躍する話ですが、大鳥節子が歌うのはカツが得意とする昭和歌謡です。カツが歌う『見上げてごらん夜の星を』『真赤な太陽』『悲しくてやりきれない』など1960年代のヒット曲が彼女の青春時代を象徴しているのです。この映画では、物語の中で**昭和歌謡**をたっぷり聴かせてくれます。

　《メンフィス・ベル（1990年）》は、第二次世界大戦中、イギリスに駐留していたアメリカ空軍の若者たちを描いた映画です。24回出撃して唯一無傷だった「メ

ンフィス・ベル」と呼ばれる爆撃機は、25回目の任務が終われば、乗務員は英雄として故郷に帰れます。この映画の中では、最後の任務前のパーティー会場で歌われる『ダニー・ボーイ』が重要な役割を演じています。メンフィス・ベルの乗務員の一人が、ピアノの弾き語りでゆっくりと歌い出し、バンドの伴奏が加わり、ノリノリの演奏になります。メンフィス・ベルの乗務員には「ダニー」がいたので、彼に向けて歌ったという設定です。さらに、『ダニー・ボーイ』は『ロンドンデリーの歌』のメロディに別の歌詞を組み合わせた別れの歌で、いくつかの解釈があるのですが、戦地へ送り出した身内を案じる愛情を歌ったものなどとも解釈されています。まさに、この場面にピッタリ寄り添った内容の楽曲です。

　そして、メンフィス・ベルはドイツでの爆撃の任務を完了しますが、敵機の攻撃を受けて大きなダメージを受け、散々な状態で基地に戻ります。そのタイミングで、『ダニー・ボーイ』が背景音楽としてオーケストラによって奏でられます。着陸直前に、片方の着陸用車輪がなかなか出ないので隊員が必死の作業に取り組んでいたり、重傷を負ったダニーの命が保たれるかどうかの瀬戸際の看病を続けていたりの場面ではありますが、『ダニー・ボーイ』の包み込むような優しいメロディがダニーとメンフィス・ベルを救ってくれたのです。生演奏での『ダニー・ボーイ』を聴いた後なので、激しい戦いのあとに無事に帰還できたこの場面で、この曲がとりわけ心に染み入ります。

タイムスリップして「新しいサウンド」を生み出す

　30年前（1955年）へのタイムスリップする少年マーティ・マクフライと博士を描いた《バック・トゥ・ザ・フューチャー（1985年）》では、タイムスリップ先で当時の音楽を効果的に使っていますが、ちょっとした演出が施されています。タイムスリップした先のダンスパーティーで演奏するバンドのギタリストが指を怪我したため、マーティが代わりにギターを弾くことになります。マーティは、ダンスパーティーを盛り上げるために、ロックンロール界のレジェンドの一人チャック・ベリーの『ジョニー B.グッド』を演奏します（図10-12）。ギターのソロでは、チャック・ベリー特有のフレーズを奏で、チャック・ベリーがあみだしたギターを弾きながら膝と腰を曲げてアヒルのように歩く**ダックウォーク**を披露します。

チャック・ベリーの演奏スタイルを生み出す

　この物語の中では、まだチャック・ベリーはそんなスタイルの演奏を生み出して
ないにもかかわらずです（あくまでも物語の中での話ですが）。さらに、この物語
では、マーティの演奏を聴いていたチャック・ベリーの従弟のバンドマンが、その
頃「新しいサウンド」を求めていたチャック・ベリーに電話して、その斬新な演奏
スタイルを聞かせます。それを真似して、チャック・ベリーが彼の演奏スタイルを
あみ出すという話になっているようです。タイムスリップを扱う物語で、実際の歴
史と関わることはよくある演出なのですが、この作品では一世を風靡したチャック・
ベリーというミュージシャンをうまく利用して、「クスっと笑える」楽しいシーン
を作り出しています（電話で「ダックウォーク」まで伝わったかなというツッコミ
はさておいて）。

▶▶ 劇中音楽で音楽と映像の対位法を効果的に導入する

　7章で「音楽と映像の対位法」のことを解説しましたが、劇中音楽を用いることで、
この手法を自然に導入することができるのです。7章で紹介した《野良犬》以外にも、
黒澤監督は《酔いどれ天使（1948年）》でこの手法を用いています。この作品で
は、主人公が打ちひしがれている場面に、陽気な印象の『カッコウ・ワルツ』を流

しています。ただし、音楽は街のスピーカからBGMが流れているという設定にして、不自然さが生じないように工夫しています。

　同じような手法は、過去の映像作品にもありました。フランス映画の《天井桟敷の人々（1945）》でそんな場面を見ることができます。主人公が妻とも愛人とも別れる場面に、**音楽と映像の対位法**が使われています。この映画では、主人公が愛人を追いかけても追いつかないシーンで物語が終わるのですが、そのとき行われていた祭りのにぎやかな音楽が流れます。最高潮に達した祭りの音楽の底抜けの陽気さと愛人を失った主人公の悲しみが対比されて、物語は終わるのです（文字通り、幕を閉じます）。

　《馬上の二人》で、殺人を犯したウルフが処刑の場所へ連行される途中、オルゴールから『ボッケリーニのメヌエット』が流れる場面でも、音楽と映像のムードの対比が効果的に利用されています。その場面で展開されるウルフに対する群衆の容赦ない暴力性とオルゴールの優しい音色の対比によって、引き裂かれた姉と弟の運命の悲劇性がむなしく描かれているのです。

　《デジャブ（2006年）》で、タンカーの爆破シーンに生演奏の『聖者の行進』とラジオから流れる『ドント・ウォリー・ベイビー』の底抜けに明るい音楽が利用されてことを紹介しましたが、これらも音楽と映像の対位法的な音楽の利用法です。特に、2回目のタンカーでの爆発を阻止したシーンでは、シーンの深刻さを物語る背景音楽との対比も重なって、音楽と映像のムードの対比効果が強調されています。

COLUMN

《野良犬》のもう一か所の「音楽と映像の対位法」

　黒澤明監督の《野良犬》には、他にも「音楽と映像の対位法」が効果的に用いられている箇所があります。ホテルのラジオから陽気な『ラ・パロマ』が流れるなか、犯人を追いかけてホテルを訪れた刑事（『ソナチネ』の場面とは別の刑事）が拳銃で撃たれるシリアスな場面です。撃たれて倒れた刑事が豪雨の中で横たわっている様子をホテルの従業員たちがぼう然と眺める場面でも、『ラ・パロマ』が流れて続けています。『ラ・パロマ』はスペイン語圏では有名な楽曲で、いろんなレコードが発売されていたのですが、黒澤監督が希望した音源を探すのにスタッフは苦労したそうです。

10-5

映像作品の劇中音楽が時代や
地域を映し出す

劇中音楽が時間と空間を表現する

　映像作品の中で、ラジオから当時の流行歌を流せば、時代感を醸し出すことができます。劇中に地域特有の音楽の演奏風景を入れれば、地域の雰囲気を効果的に描くことができます。

▶▶ 劇中音楽で時代を表す

　《天使のいる図書館》の回想シーンでラジオから『夜明けの歌』が流れてくるシーンのことを説明しましたが、その場面ではこの曲が流行った1960年代の頃の雰囲気を醸し出す役割を果たしています。このように、昔懐かしい曲を利用すると、その曲が流行っていた頃の雰囲気を醸し出すことできます。

　1962年のカリフォルニアの田舎町を舞台に、高校を卒業したばかりの若者たちが共に過ごす最後の一夜を描いた《アメリカン・グラフィティ（1973年）》では、『ロック・アラウンド・ザ・クロック（ビル・ヘイリー＆ザ・コメッツ）』『シックスティーン・キャンドルズ（ザ・クレスツ）』『悲しき街角（デル・シャノン）』など当時のヒット曲が次から次へと流されています。この作品は自動車、恋愛、ダンスパーティーなどで、アメリカの若者たちの生活ぶりを描いた青春映画ですが、音楽がその当時の雰囲気を醸し出すのに大きな貢献をしています。また、自動車のカーラジオからは実在した『ウルフマン・ジャック・ショウ』が流れ、ウルフマンとリスナーとの掛け合いが流れるなど、凝った演出がされています。

　1969年のハリウッドを舞台として、落ち目の西部劇俳優（レオナルド・ディカプリオ）と専属スタントマン（ブラッド・ピット）の生活を描いた《ワンス・アポン・ア・タイム・イン・ハリウッド（2019年）》でも、カーラジオから流れる『夢のカリフォルニア』（ママス＆パパスのヒット曲ですが、利用されたのはホセ・フェリシアーノ版）などの当時のヒット曲が次から次へと流れ、時代の雰囲気を描いています。最後に俳優の自宅に暴漢が押し入り激しい争いになる場面ではやはり当時

のヒット曲である『ユー・キープ・ミー・ハンギン・オン』（ヴァニラ・ファッジ）が背景音楽として流されます。

▶▶ 劇中音楽で地域を表現する

　地域の雰囲気を演出するために特定の地域と結びついた楽曲を利用する手法があることを8章で説明しましたが、それを生演奏やラジオからの音楽などの形で利用することも効果的です。8章で《八十日間世界一周旅行》の映画で、さまざまな国の音楽が登場することを紹介しましたが、生演奏でもその国々独特の音楽を聞かせてくれます。スペインではフラメンコの演奏、インドではシタールなどの民族楽器の合奏、日本では子供たちが歌う『かごめかごめ』（図10-13）、アメリカではホンキートンク・ピアノの演奏などの場面があります。

《八十日間世界一周旅行》で『かごめかごめ』が流れる場面（10-13）

日本の子供たちが『かごめかごめ』を歌いながら踊る場面

　古代ローマとのタイムスリップで日本の風呂文化を古代ローマに伝えるさまを描いた時空を超えた入浴スペクタクル《テルマエ・ロマエ》では、古代ローマ人テルマエ技師のルシウス（阿部寛）が現代日本へタイムスリップするときに、イタリア人歌手が『アイーダ』の『裏切者め！』を歌います。イタリアの歌を挿入する

ことで、イタリアらしさを演出しているのです。

COLUMN　映画音楽の作曲家が殺人犯

　《刑事コロンボ68話『奪われた旋律』(2000年)》では、映画音楽の作曲家が殺人犯でした。この作曲家は、かつては素晴らしい才能を発揮していましたが、才能が枯渇し、才能ある弟子の曲を盗んで名声を得ていました。ところがその弟子がその秘密を公にしようとしたので、薬で眠らせたうえでエレベータに仕掛けをしてスタジオの屋上から落下死させたのです。それはちょうどそのスタジオで行われたコンサートの最中で、犯人の作曲家は指揮をしていました。

　コロンボは、このコンサートの録音に機械音のノイズが入っていたことから、その手口を見破ります。なお、この作曲家はサスペンス映画音楽の巨匠で、殺人時に開いていたコンサートのタイトルが『殺人をテーマとした映画音楽の夕べ』でした。皮肉なタイトルですね。

第11章

音楽をテーマにしたドラマでの音楽
の味わい：音楽の感動が増幅する

　映画やテレビドラマでは、さまざまなテーマが描かれていま
すが、音楽をテーマにした作品もたくさんあります。超絶技法
を持った音楽家のすごさをアピールするドラマ、音楽家の成
長過程やサクセスストーリーのドラマなどです。こういった音
楽をテーマにしたドラマでは、当然、劇中にいろんな形で音楽
が登場します。そして、必ず音楽を聴かせる場面があります。
ストーリーの中で聴く音楽は、音楽の感動を増幅するような演
出が施されていて、特段に味わい深いものです。

　音楽をテーマにしたドラマでは、音楽で遊ぶちょっと楽しい
場面が登場します。音楽関連のさまざまな「あるある」エピソー
ドも登場します。中には、音楽に対する遊びをそのまま物語に
したような作品もあります。

11-1

音楽をテーマにした
さまざまなドラマ

音楽を聴かせるための演出を味わいたい

　映像作品はさまざまなテーマを扱いますが、音楽がテーマになっている作品もあります。音楽をテーマにしていますから、音楽を聴かせる場面も多くなります。ストーリーの展開の中で聴く音楽は、心に深く染み入ります。

▶▶ 音楽をテーマにしたドラマ

　映画やテレビドラマでは、さまざまなテーマが描かれています。恋愛であったり、犯罪であったり、スポーツであったり、戦争であったり、ホラーであったり、さまざまなテーマのドラマが作られています。ドラマとして描くからには、テーマの面白さを伝えるのは当然ですが、同時にそのテーマに関するさまざまな**あるあるエピソード**を紹介することになります。

　映画やテレビドラマの中には、**音楽をテーマ**にしたものもたくさんあります。主人公がミュージシャンであったり、趣味で音楽を演奏していたり、あるいは音楽をサポートする側の人物を描くこともあります。こういった音楽をテーマにしたドラマでは、当然、劇中にいろんな形で音楽が登場します。

▶▶ 下手な演奏も聞かされる

　しかも、10章で扱った劇中音楽のように、単に完成された音楽が劇中に登場するわけではありません。まだ十分にテクニックが習得されていない時点の下手な演奏であったり、意見がぶつかった仲間とのギクシャクした合奏だったり、緊張のオーディションやコンテストであったり、いろんな状況下での演奏が描かれます。音楽関連のさまざまなあるあるエピソードも登場します。それがちょっと抜いた場面のほっこりエピソードになることもあります。

　また、演奏シーンがアップで映し出される場合には、俳優は「ちゃんとした演奏」をしなければなりません（状況によっては、「ちゃんとしない演奏」も必要となる

のですが）。出演者が楽器を演奏できる場合は問題ないのですが、（音楽は別の音源を利用して）演奏できない俳優が「弾いているふり」をする場合でも、演奏音と合った演奏風景を演じる必要があります。

▶▶ 音楽をテーマにしたドラマのいろいろ

　音楽演奏家やグループを主人公にしたドラマは、いくつかのパターンに分類することができます。

　まず、**音楽家のすごさ**をアピールするドラマがあります。この種のドラマでは、伝説の音楽家であったり、謎の音楽家であったりといった人たちやその人たちに関わる人たちのストーリーが描かれています。主人公（あるいはそのライバル）の超絶技巧をひけらかすエピソードが、見せ場（というか「聴かせ場」）になって必ず登場します。

　音楽家やグループの成長過程やサクセスストーリーのドラマも、結構あります。失敗や挫折を描いたうえで、最後に最高の演奏を聴かせるというのがお決まりのパターンです。この種のドラマでは、下手な演奏や演奏ミスも聞かされるので、それも合わせてドラマを楽しむという覚悟が必要です。

　実在の音楽家の場合には、ドラマだけでなくドキュメンタリで構成する場合もあります。ドキュメンタリの場合には、過去のライブやレコーディング風景の映像のほか、本人やまわりのスタッフ、あるいは音楽評論家へのインタビューなどを編集してコンテンツが作られます。

　ドラマにはだいたいホッコリする「抜いた」場面があるのですが、音楽をテーマにしたドラマでは音楽で遊ぶ場面が登場します。中には、音楽に対する遊びをそのまま物語にしたような作品もあります。

　いずれのパターンのドラマも、必ず音楽の見せ場（**聴かせ場**）があることが共通しています。ストーリーの中で聴く音楽は、特段の味わい深いものがあります。音楽を聴かせるための作品もあります。

11-2

すごい音楽家のすごさを
ドラマの中で聴かせる

すごいライバルの演奏もまた聴かせどころ

　天才的な演奏家を描いた映像作品では、天才的なエピソードとともに、天才的な演奏を聴かせてくれるわけです。映像作品の中の感動が、そのまま視聴者に伝わってきます。

▶▶ ピアニストのすごさを描く《海の上のピアニスト》

　音楽家のすごさをアピールする作品として、大型客船の中で生まれ、一生を船の中で過ごしたピアニストのダニー・ブードマン・T.D.（Thanks Danny）レモン・1900（ナインティーン・ハンドレッド）の人生を描いた《海の上のピアニスト（1998年）》（図11-1）における、音楽の物語への絡ませ方はみごとでした。作品の随所で、ピアノ演奏を堪能できる作品です。

《海の上のピアニスト》（11-1）

ピアノ演奏バトルに勝利

　海が荒れ狂ったために船酔いに苦しむ友人のトランペッター（この映画では、彼が語り部の役割を演じています）を救うため、1900がストッパーをはずしたピアノを弾きながら二人が船内のホールを動き回る場面は、楽しく、そして痛快です。船の揺れに応じてピアノや演奏者用の椅子も移動するのですが、それに合わせて1900は踊るように動き回るピアノを演奏します。まさに、音楽で遊ぶ場面ですが、1900がピアノと船と一体化している存在であることを物語る場面になっています。ピアノ椅子に一緒に座らされた友人のトランペッターも、楽しそうで、船酔いもおさまったようです。

　友人のトランペッターがとめどなく楽曲を作りだす1900に「どうやって作曲のアイデアが湧いてくるのか？」を問う場面も楽しめます。1900は、「乗船客のキャラクタのドラマを想像しながら、そのドラマにあった曲を即興で作って演奏する」と答え、目の前にいる乗客を例にとり、それぞれに合った曲を演奏します。それがそのまま映画音楽の作曲法のデモンストレーション（あるいは講義）になっています。これも一種の遊びのような場面ですが、一番遊んでいるのはこの音楽を作った作曲家かも知れません。

　ジャズを発明したという黒人ピアニストとのピアノ演奏バトルの場面は、映画の一場面だということを忘れて、演奏に聴き入ってしまいます。黒人ピアニストは1900との対決のために船に乗り込んだのです。この映画の中で一番盛り上がる場面です。演奏合戦は3曲行われるのですが、黒人ピアニストが弾いた最初のジャズ演奏に対して、1900は馬鹿にしたように『きよしこの夜』を弾きます（クリスマスでもないのに）。2曲目では、黒人ピアニストが弾いた曲を1900はそっくりそのままコピーして弾き返します。この態度に怒った黒人ピアニストは、本気で3曲目を演奏します。ここで1900はやっと本気モードを出します。黒人ピアニストに向かって「後悔させてやる」と宣言し、1900は超絶技法を駆使して力の限り弾きまくります。壮絶という言葉がそのまま音楽にも当てはまる場面です。映像には4本の手が映るのですが、まるで2人で演奏しているかのような激しい曲です。演奏に圧倒された黒人ピアニストは、手に持っていた飲みかけのグラスを落としてしまいます。演奏が終わり、一瞬の静寂ののち、1900がピアノの弦で煙草に火をつけ（本当にそんなことができるかどうかはさておいて）、黒人ピアニストに吸

わせます。それが1900の勝利宣言でした。

　船の中で行われるレコーディングを行う場面では、たまたま窓の外に1900が思いを寄せる少女が現れます。1900はそれに気がつき、少女への思いをメロディに乗せた心に染み入る楽曲を堪能させてくれます。少女の表情に音楽が伴う場面は、まるで映画音楽のようです（実際、映画音楽なのですが）。なお、この場面では、演奏音をラッパ状の集音機でキャッチして、針でレコード盤に空気の振動を溝として刻む方式のレコーディングの様子を見ることができます。これはこれで、音響的には見どころの場面です。

▶▶ 指揮者のすごさを描く《マエストロ！》

　謎に包まれた指揮者・天道徹三郎のすごさを描いたのが《マエストロ！（2015年）》です。解散したオーケストラを再結成するとのことで招集のかかったメンバーが集められたのが、古びた工場でした。そこで大工のような格好して現れた指揮

大工のような恰好をして現れた指揮者・天道徹三郎（11-2）

古びた工場が練習場

者が天道徹三郎でした（図11-2）。指揮者としての実績がなく、関西弁の下品で乱暴な言動（「お前の音には愛着ちゅうもんがないねん」「お前何のために音楽やっとねん」等）を繰り返しながら厳しい練習を課す天道に対して、オーケストラの団員たちは反発します。

　しかし、団員たちは、演奏予定の『運命』と『未完成』の2曲の交響曲の練習を通して、天道のすごさを認めることになります（音楽的あるいは科学的に考えると、ちょっと首をかしげてしまう話もあるのですが）。最初の練習では、『運命』の出だしが見事に合うことを体験します。確執するオーボエ奏者とクラリネット奏者の音が合わないことに対して、自己中心的なオーボエ奏者のリードを本番用にとっておいた最良のリードに変えさせ、他のリードを踏みつぶすという乱暴な指導をします。また、ホルン奏者の一人に対して、演奏音を聴いて「お前、差し歯か？歯医者行ってこい」と指導します。バイオリニストに対しては、音を聴いただけで、弾くべき弦の違いを指摘します。

　音が薄っぺらなことに悩むホルン奏者（「差し歯」のホルン奏者とは別人）には、板金工にホルンのベルを叩かせ、いい音が鳴るように指導するなど、優しい面をみせることもあります。この板金工は、暴走族のバイクの爆音化を手助けする怪しげな存在なのですが、腕は確かなようです。さらに、うまく弾けずに電車に飛び込もうとした老バイオリニストに対しても、個人的に指揮して演奏させ、立ち直るきっかけを与えます。老バイオリニストは「あの人の棒で指が動いたんだ」と、天道に救われたことを仲間に告げます。また、天道の大工姿は伊達ではなく、手作りの反射板で練習場となっている工場の響きを良くしているのです。

　食堂で、硬口蓋が高いというだけで、演奏を聴くこともなく、アマチュアのフルート奏者の「あまね」をメンバーに抜擢したくだりも、彼の天才肌を示すエピソードとして描かれています。そのことを表現するのに、あまねがタクアンを「ポリポリ」とかん高い音を出して食べる音を強調して、先輩フルート奏者の湿った感じの音と対比している場面はユーモラスです（この場面は、環境音がストーリーに絡むことを取り上げた4章で取り上げたかったところですが、話題の展開の都合上、こちらで紹介しました）。この場面は音響効果の腕の見せ所でした。

　この映画の主役はコンサートマスターで天才バイオリストの香坂真一なのです

が、彼は同じバイオリニストで亡き父親の存在を乗り越えられずに悩んでいました。そんな彼が一皮むけて、父の存在を振り切って、一人の演奏者としての自信を取り戻すきっかけを与えたのも、マエストロ・天道徹三郎とその妻の存在でした。病に伏せた妻に父と間違えられて弾いたことがきっかけで、吹っ切れて本番の演奏に臨みます。

　そして、スポンサーが下りるという危機を乗り越えて迎えた本番1日目では、この種のドラマではお決まりの展開ですが、天道のオーケストラは最高の演奏をします。このシーンでは『運命』の演奏をじっくり聴かせてくれます。団員達も大感激で、あまねの「まだ耳の奥でジンジンしとう」との感想も印象的です。2日目の演奏は、死期の迫った天道の妻の前で『未完成』を演奏することになるのですが、宇宙そのものが響きあう「天籟（てんらい）」と呼ばれる音のない音が聞こえるような素晴らしい演奏をすることになります。こんな展開は、分かってはいるのですが、演奏シーンに引き込まれ、音楽の感動が増幅します。「この世で一番美しいのは音楽だ」といったドラマ内のクサイ台詞も、このドラマの中では説得力があります。

COLUMN

《ONE PIECE FILM RED（2022）》

　《ONE PIECE FILM RED（2022）》は、ウタ（UTA）という天才歌手のコンサートを舞台とした物語で、音楽をテーマにした作品と位置づけることができます。《ワンピース》シリーズなので、当然激しいバトルが繰り広げられるのですが、ウタの武器は音楽で、音楽の音で相手を攻撃し、相手を五線譜に張り付けるなど、音楽にこだわった演出をしています。さらに、ウタは、彼女の歌声を聴いた者たちを仮想空間のウタワールドに閉じ込める能力を持っています。彼女が考える自由で平和な「新世界」を築くためにです。しかし、その企みに気がついたルフィたちと戦うことになり、最後に魔王トットムジカを呼び出し、最終決戦に至ります。ウタは戦いに敗れますが、みんなが仮想空間から現実の世界に無事戻れるように熱唱します。

　ウタの歌唱パートはウタ役にふさわしい歌唱力をもったAdoが担当し、『新時代（中田ヤスタカ）』『私は最強（Mrs. GREEN APPLE）』『逆光（Vaundy）』『ウタカタララバイ（FAKE TYPE）』『Tot Musica（澤野弘之）』『世界のつづき（折坂悠太）』『風のゆくえ（秦基博）』を熱唱し、音楽のチカラを実感させてくれます。この作品は彼女の歌声を堪能するための作品と言ってもいいでしょう。

11-3
音楽家の成長を音楽で聴かせる ドラマ

音楽がストーリーを盛り上げ、ストーリーが音楽を盛り上げる

　音楽家の成長を描いたドラマでは、最初は拙い演奏を聴かされることを覚悟しなくてはなりません。もちろん、最後には最高の演奏で終わることになります。拙い演奏からつきあってきた分、大きな感動を覚えます。

▶▶ 音楽家の成長を描くドラマ

　子供たちが音楽的に成長するさまを描いた《ミュージック・オブ・ハート（1999年）》《スクール・オブ・ロック（2003年）》などでは、音楽の出来が物語に絡むことにより、音楽への感情移入の度合いが違ってきます。《陽のあたる教室（1995年）》では、音楽教師と生徒たち、家族との交流が描かれていますが、様々な音楽が物語に絡みます。ブラスバンド、ミュージカル、ジョン・レノンの楽曲など、バラエティに富んだ音楽が楽しめます。また、この種のドラマでは、練習過程から音楽に接しているので、音楽への理解度も高くなります。その結果、音楽がより感動的なものとなり、その感動は映像作品自体のものへと昇華するのです。《アリー／スター誕生（2018年）》のように音楽の制作過程やミュージシャンの苦悩を見せることも、同様の効果をもたらします。

　テレビで放映されていた《のだめカンタービレ（2006年）》（実写版）は、音楽大学の学生を主人公とした、コメディタッチのドラマでした（のちに映画化もされました）。**音楽家の成長**を描くドラマといってもいいでしょう。ストーリーもさることながら、毎回たっぷりと音楽も楽しませてくれました。このドラマでも、練習過程、その間に描かれる主人公たちの葛藤、登場人物それぞれのドラマや人間模様が音楽と絡みあいます。そして、最後は音楽が完成され、大成功のエンディングとなるのです。音楽がストーリーを盛り上げ、ストーリーが音楽を盛り上げるといった展開で、その相乗効果が楽しめます。

　《のだめカンタービレ》は、サントリー・ホールでのコンサートでドラマのクラ

イマックスを迎えるのですが、サントリーがスポンサーだったので当然の展開でしょう。演奏曲はこのドラマのオープニングにも使われたベートーヴェン作曲『交響曲第7番』です。指揮の千秋真一にとって、学生オーケストラとの最後の演奏になります。演奏の最中には、千秋の回想シーンとして、のだめ（野田恵）との思い出、指揮者としての成長と挫折、オーケストラ・メンバーとの絆と葛藤などの映像が挿入されます。そして、千秋の「もうすぐおわかれだ」「俺も伝えなければ、みんなに感謝の気持ちを」「俺を大きく変えてくれたすばらしいオーケストラだ」「さあ歌おう最後の一音まで」「今できる最高の音楽を」との思いが内声で語られ、演奏が最高潮に達します。

　《ジャズ大名（1986年）》は、江戸末期に難破船で日本に流れついた黒人からジャズを伝授され、ジャズ演奏にのめり込んでいく殿様を描いた映画です。この映画では、篳篥（ひちりき）の心得のある殿様がなんとか（篳篥と同様のリード楽器である）クラリネットを吹きこなし、ジャズのノリをマスターし、黒人のトロンボーン、コルネット、桶を利用したドラムと合奏します。さらに、家来たちが琴、三味線、琵琶（バンジョーのような音色が聴こえますが）、鼓（つづみ）などを使って合奏に加わり、大騒ぎする様子が描かれています（図11-3）。ジャズに始めて接した殿様と家来たちの演奏は、始めはぎこちないのですが、しだいにジャズのフィーリングを修得して、ノリノリのセッションを繰り広げます。

《ジャズ大名》での演奏シーン（11-3）

黒人からジャズのノリを伝授される殿様と家来たち

　《ジャズ大名》のラストの大合奏の場面では、音楽を担当している山下洋輔がおもちゃのピアノでの熱演を披露するなど、サービス精神満載の演出になっています。このドラマでは、劇中音楽として「後に『メープルリーフ・ラグ』と呼ばれるようになる曲」が、何度も流れますが、背景音楽としては、三味線を使ったり歌舞伎風の音楽が利用されたりと、和風の音楽が使われて、劇中音楽との対比が明確にされています。日本での場面だけでなく、冒頭のアメリカでの場面においても、和風の音楽が用いられています。

　石原裕次郎が主演した《嵐を呼ぶ男（1957年）》も、ケンカや恋愛のシーンで彩られていますが、ジャズ・ドラマーの兄・国分正一（石原）と作曲家を目指す弟・国分英次の成長を描くドラマと言ってもいいでしょう。兄の正一が、ライバルのチャーリーとのドラム合戦に手にケガをしたまま臨み、途中で「おいらはドラマーやくざなドラマー おいらが歌えば嵐を呼ぶぜ……」と突然歌い出し、途中で「この野郎、かかって来い！最初はジャブだ ホラ右パンチ……ええい面倒だい この辺でノックアウトだい」と叫びながらドラムを叩く場面（図11-4）はこの映画一番の見せ場で、喝采する聴衆の熱狂は、映画の観客にも伝わってきたでしょう。最後の「新人作曲家の夕」で、弟の英次が自ら作曲したシンホニック・ジャズ（ジャズ風表現を伴う管弦楽曲などを意味します）『大都会』を指揮する場面では、演奏会場でのオーケストラの熱演を存分に聴かせてくれます。この場面は、この映画一番の「聴かせ場」といってもいいでしょう。

《嵐を呼ぶ男》で，主人公の正一がドラム合戦の最中に突然歌い出す場面（11-4）

▶▶ まったくの素人が最後は観客を魅了する《スウィングガールズ》

　まったくの素人が、頑張ってきちんと演奏できるようになるという物語を描いた映像作品はたくさんありますが、映画《スウィングガールズ（2004年）》もその一つです。このドラマでは、まったくの素人の女子高校生たちと一人の男子高校生が、ビッグバンドジャズに取り組みます。野球部を応援するブラスバンド部にお弁当を届ける役割の女子高校生たちが、列車を乗り過ごして届けるのが遅くなったため、ブラスバンド部の生徒たちが食中毒になり野球部の応援ができなくなったのです。唯一食中毒を免れた一人の男子生徒と女子生徒たちが、ビッグバンドジャズで野球部を応援することになるのが物語のきっかけでした。

　もちろん、彼女たちは演奏どころか、楽器の音も出すことができません。そこから、苦しい練習や挫折、仲間どうしの対立、次々と立ちふさがる様々な障壁と立ち向かいながら、すばらしい演奏ができるようになります。そして、最後の演奏で、最高に盛り上がるような展開になっています。最後の最高の演奏を感動的に聴かせるためのドラマと言ってもいいでしょう。

　女子生徒たちは全員素人なので、なかなか音がでず、リーダー役の男子生徒に突っかかりますが、やっと音が出るようになって、練習に打ち込むようになります。そんな場面からビッグバンドジャズへの挑戦が始まります。

　練習のかいもあって、なんとか合奏が出来るようになります。下手くそながら、なんとか曲の形になった『A列車で行こう』の演奏シーンが描かれます。映画の観客はハラハラしながら演奏を聴かされます。彼女らも、「なんかよくねー」と演奏する喜びを覚えます。しかし、そんなさなかに吹奏楽部の面々が復活し、彼女らは不要となり、解散状態に追いやられます。

　それでもやっぱり演奏したい有志たちが集まって、公園やカラオケボックスで練習しますが、まわりからうるさがられて追い出されます。パチンコ屋の店長が「うちでやってもらってもええけど」と申し出てくれたので店の前で『イン・ザ・ムード』を演奏しますが、演奏が未熟なため客に「それでもジャズか？」とののしられ、やっぱりやめさせられます。

　彼女らはなかなかジャズのノリをつかめず悩んでいましたが、本当は素人の先生の「ドゥーダッ・ドゥーダッ・ドゥーダッ」という助言や偶然通りかかったメロディ

式の音響式信号機から流れる『故郷の空』を聴いて、「後ノリ」のジャズのコツを
つかみます。音響式信号機から流れる『故郷の空』は生演奏の『故郷の空』と置
き換わり、スーパーマーケットの前で演奏するシーンに推移します。そして、『メ
イク・ハー・マイン』の演奏となり、去っていた仲間が戻ってきて、元の編成での
ビックバンドが復活します。ここでは、安心して聴けるレベルの演奏になっていて、
彼女らの成長を感じることができます。

　そんな彼女らは、発表の場としての演奏会に列車で向かいます。しかし、列車
は大雪で立ち往生してしまいます。そんな列車内で乗客のラジオから『A列車で行
こう』が流れてきます。これに合わせて『A列車で行こう』の合奏が始まります。
これは、ちょっと抜いた遊びの場面です。そんなとき、バスが表れて乗り移り、彼
女らはなんとか演奏会に間に合います。

　そして、この映画のクライマックスである、演奏会での熱演が始まります。開
演前の緊張もありますが、そこから気を取り直し、最高の演奏を繰り広げます（図
11-5）。『ムーンライト・セレナーデ』でムードたっぷりに歌い上げ、『メキシカン・
フライヤー』で力強くアピールし、ドラムソロをはさんで、『シング・シング・シング』
では主要キャストのソロも入って最高の盛り上がりとなります。客席には物語に絡
む登場人物が勢ぞろいして、ステージと一体になってノリノリのエンディングを迎
えます。もちろん、演奏レベルは最高で、この映画最高の聴かせどころの場面です。

《スウィングガールズ》の演奏会での熱演シーン（11-5）

▶▶ 実在の音楽家の物語

　スターとなった**実在の音楽家**のことをドラマ化した映画も多くあります。モーツァルトのようなクラシックの巨匠を描いた《アマデウス（1984年）》やロックスターのクィーンを描いた《ボヘミアンラプソディ（2018年）》など、さまざまなジャンルの音楽家の話が映画化されています。もちろん、演奏風景の映像やインタビューなどで構成したドキュメントもたくさん作られています。《エリック・クラプトン〜12小節の人生〜（2017年）》や《ザ・バンド かつて僕らは兄弟だった（2019年）》などが例としてあげられます。

　ビートルズのレコーディング風景と屋上でのライブシーンを盛り込んだ《レット・イット・ビー（1970年）》は、メンバーの心がバラバラに分かれ、解散に向かうビートルズの姿を記録するものとなったことで話題になりました。ただし、映画のタイトルにもなった『レット・イット・ビー』のほか『ゲット・バック』『ロング・アンド・ワインディング・ロード』などの名演奏を堪能させてくれる作品でもありました。

　キング・オブ・ロックンロールと称されたエルヴィス・プレスリーの生涯を描いた《エルヴィス（2022年）》では、エルヴィスの少年時代から42歳で生涯を終えるまでの、栄光と挫折が描かれています。物語の中心は、マネージャーのトム・パーカー大佐とエルヴィス・プレスリーの確執ですが、その時代の背景としてマーティン・ルーサー・キング牧師やロバート・F・ケネディ上院議員の暗殺など、アメリカの暗い側面も描かれています。もちろん、デビュー当時のコンサートからラスベガスでのショーまでライブシーンもたっぷりあり、『ハートブレイク・ホテル』『監獄ロック』『サスピシャス・マインド』など、ヒット曲を堪能できます。いずれの場面も、ショーでの歌が始まるまでの演出が凝っていて、ワクワクしながら音楽が楽しめます。

　また、背景音楽としては他のミュージシャンが歌うエルヴィスのカバー曲も使われていて、現代風なトーンにアレンジされた曲もあり、オリジナルの楽曲との差も聴きどころとなっています。また、『ザッツ・オールライト』のように、デビュー当時の荒々しい演奏と人気を得てからの円熟した演奏が描かれている作品もあります。

　エルヴィス・プレスリーの音楽は、黒人の音楽であるブルースやリズムアンドブ

ルースと白人の音楽であるカントリー・アンド・ウェスタンを融合した音楽である
と言われています。そのため、両方のミュージシャンとの交流もありました。この
映画では、黒人のB.B.キングやリトル・リチャードは友好的な人物として描かれ
ていますが、白人のハンク・スノウは敵対的人物として描かれています。

　GReeeeNの楽曲『キセキ』の誕生までの実話を元にした映画が《キセキ ―あ
の日のソビト―（2017年）》です（図11-6）。この映画では、歯科医をしながら
音楽活動を行うGReeeeNの生い立ちから、CDデビューして大ヒットを飛ばすま
での経緯を紹介しています。物語は、医者の父から反対されながらも音楽活動に
のめり込み、挫折する兄のジンの話から始まります。弟のヒデは父の意向に従い
医師を目指していますが、成績が伸びず歯科医を目指すことになります。ヒデも勉
強と並行して音楽活動も行いますが、ヒデの才能を感じたジンの協力もありCDデ
ビューを果たします。ヒデは、歯学部での学業との両立に悩みながらも、音楽制
作に打ち込みます。

《キセキ ―あの日のソビト―》でのライブシーン（11-6）

GReeeeNの誕生を描く

　そして、この映画のクライマックスが『キセキ』の流れる場面です。この場面は
主人公のヒデがノートに『キセキ』の歌詞を書くところから始まります。その後、
ヒデの兄のジンの部屋の押し入れでのレコーディングで、『キセキ』の曲が開始し
ます。その歌に合わせて、メンバーがレコーディングに疲れて寝ている様子、CD

ショップで「キセキ」のCDを並べるヒデの彼女、歯学部での実習風景、店で『キセキ』のCDを見つけてはしゃぐお母さんたち、自動車工場で『キセキ』を聴くジンの元バンド仲間、通学路で高校生が『キセキ』を歌いながら歩いていくのとすれ違うGReeeeNのメンバー、『キセキ』のミュージックビデオを映し出す街の大スクリーン、「オリコン1位」の連絡を携帯電話で受けて「落ち着け」と言いながらうろたえる兄のジン、心臓の手術を受ける決意をする少女、その少女から「この曲なんかいいんです」と『キセキ』を聴かされる父（少女の担当医でもある）、少女が『キセキ』に勇気づけられ手術を決意したことのラジオへの投稿が読み上げられる様子、ジンとヒデがそれぞれそのラジオを聴いて喜びをかみしめている表情が次々と映されます。とりわけ、『キセキ』を少女から聴かされて嬉しそうな表情の医者の父の表情が、彼も兄弟の成功を喜んでいることを物語ります。

　《20歳のソウル（2022年）》も、船橋市立船橋高校の吹奏楽部OBで『市船soul』を作曲した浅野大義（たいぎ）さんの実話を元にした映画です。残念ながら、この主人公は、音楽家を目指しながらも、癌のため志半ばで一生を終えています。大義さんは高校の吹奏楽部で活躍していましたが、野球部で活躍しながらもケガのために応援に回らざるを得なかった同級生を励ますため『市船soul』を作曲します。そして、この曲で応援すると野球部が必ず得点するという、伝説の応援曲として引き継がれていきます。大義さんは、癌に侵されたのちも、母校の吹奏楽部のために定期演奏会用の曲を作曲するなど意欲的に音楽活動に打ち込みますが、二十歳で亡くなります。そこからがこの映画一番の見せ場、告別式での『市船soul』の演奏です。吹奏楽部の顧問の先生の呼びかけで164人の吹奏楽部の仲間が告別式に集まり『市船soul』を熱演し（図11-7）、「大義　大義　大義」と天国の大義にエールを送ります。この映画が公開された2022年の夏、映画での『市船soul』の熱演に応えるかのように、船橋市立船橋高校野球部は、15年ぶりに夏の甲子園大会出場を果たします（健闘むなしく、2回戦で敗退しますが）。もちろん、『市船soul』は甲子園に響き渡りました（それは現実で、映画の演出ではありません）。

《20歳のソウル》の告別式で『市船soul』を演奏する場面（11-7）

天国の大儀さんに向けて

COLUMN

音楽で遊んだCM《ムシューダ「音痴な虫」篇》

　テレビCMに音楽が付加されているのは普通のことですが、エステー化学の防虫剤「ムシューダ」のテレビCM《ムシューダ「音痴な虫」篇》は、音楽で遊んだ演出になっています。エステー化学の「ムシューダ」のテレビCMは、高橋愛に「出てきなさい」と言われて、出てきた虫たちが「むっしっしー　むっしっしー　むっしー　むっしー」とコーラスするというパターンでこれまでに何作かをシリーズ化して放送しています。

　そんなコーラスが耳になじんだ頃に、《ムシューダ「音痴な虫」篇》が放送されました。虫たちが「むっしっしー　むっしっしー　むっしー　むっしー」とコーラスするところまではこれまでのシリーズと変わらないのですが、音痴な虫が一人（一匹？）いて音が外れています。高橋愛は「誰か音外れてない？」と指摘して、音痴な虫を探します。

　耳なじんだメロディではあるものの、音痴な虫がいることでメロディに違和感があり、このCMが印象に残ります。これまで築き上げてきたなじみのメロディをつかって、少し遊んだ演出のCMになっています。

11-4

映像作品の音楽を茶化す

音楽で遊びまくる映像作品

音楽演奏の滑稽な部分を強調したり、映像作品の音楽の存在の不思議を描いたりする映像作品もあります。音楽での遊びをそのままドラマに仕立てたような作品で、音楽を面白おかしく楽しめます。

▶▶ 音楽の滑稽さを皮肉った《ミッキーの大演奏会（1935年）》

ディズニーのアニメーションには、音楽演奏そのものをユーモラスに描いた作品もあります。《ミッキーの大演奏会（1935年）》は、ミッキーマウスが指揮をする『ウイリアム・テル序曲』の演奏の様子を描いたアニメーションなのですが、その最中にアイスクリームを売っていたドナルド・ダックが『オクラホマ・ミキサー』の演奏で乱入したり、寄ってきたハチをシンバルで挟もうとして鳴った音が演奏音となっていたり、曲が『嵐』の部分になると楽団が竜巻に巻き込まれながら演奏したりと、ハチャメチャな展開で、音楽演奏のシーンを使って遊んでいる感があります。まさに、**音楽での遊び**をそのまま作品にした作品です。

ドナルドが『オクラホマ・ミキサー』で乱入するシーンでは、乱入されても何の違和感もなく楽団のメンバーは一緒に演奏し始めるという展開になるように、音楽がアレンジされています。指揮者のミッキーマウスは、横笛を取り上げへし折りますが、ドナルドは新たな笛を出してしつこく乱入を繰り返します。そんなドナルドも、トロンボーンの管に首を挟まれ、ステージから投げ出されます。トロンボーンの特徴をうまく活かした演出です。

ハチが演奏の邪魔をする場面では、まずハチはステージから投げ出されたドナルドの笛に入って、ドナルドを邪魔します。そこからステージに飛んで行って、ミッキーの周りをうろつきます。ミッキーはそのハチを追い払うために指揮棒を振り回しますが、楽団はその指揮棒に合わせて、演奏します。音楽もそんな風にアレンジされています。打楽器奏者が寄ってきたハチをシンバルで挟もうとして、鳴った音が演奏音となっていたり、クラリネット奏者がシンバルで挟まれたりします。ク

ラリネット奏者は、挟まれて目が回り、演奏音はトリルになりますが、演奏は続きます。

　曲が『嵐』の部分にさしかかると、演奏の最中に竜巻が襲いかかり、木や家を舞い上げて、楽団に迫ります。楽団の演奏を聴きに来ていた観客も逃げて行きますが、楽団は『嵐』の演奏を続けます。楽団もついに竜巻に飲み込まれ、大空をぐるぐる舞いながらも、『嵐』の演奏を続け、音楽は佳境に達します。楽団員は宙に舞い、空中を漂ういろんな物とぶつかりながらも、演奏を続けます。そして、空から演奏しながら落下して、演奏を終わります。

　そして「ブラボー」と叫んだのは、ただ一人残ったドナルドでした。ドナルドは、また『オクラホマ・ミキサー』を演奏しようとしますが、楽器を投げつけられ、チューバに閉じ込められます。ドナルドはそれでも演奏を続け、エンディングを迎えます。

▶▶ 映像作品における音楽の役割をパロディ化した《メロディに乗せて》

　本書では何度も述べてきましたが、映像作品における音楽は、ドラマの場面の状況を伝えたり、登場人物の心情を表現したりする役割を担っています。《世にも奇妙な物語'22夏の特別編　メロディに乗せて（2022年）》は、そんな映像作品とともにある音楽をパロディ化した作品です。この作品は、音楽での遊びを展開したドラマであるといえるでしょう。

　このドラマでは「脳内に流れる音楽の曲調に合わせた行動をとらないと脳が異常反応を起こして、最悪の場合、死に至る」という難病「脳内メロディ症候群」を患ってしまった一人の女性と二人の男性の物語です（図11-8）。映像作品だと登場人物の行動に合わせて音楽の曲調を作るところですが、この物語では音楽の役割は逆に登場人物の行動をコントロールすることになっています。

《メロディに乗せて》で「脳内メロディ症候群」を患ってしまった女性（生田絵梨花）（11-8）

脳内に流れる音楽に行動をコントロールされる

　この病気に罹った人は、脳内に流れる音楽に合わせて行動をとり続けなければなりません。クィーンの『We Will Rock You』が脳内に流れると、上司に対して思い切った発言をします。ミュージカル映画の『雨に唄えば』が流れだせば、公衆の面前で踊りだします。ミスターチルドレンのラブソング『365日』は、同時にデート中の男女の脳内にムードたっぷりに流れ、同じ病の二人の出会いに運命を感じさせます。落ち込んでいても、『おジャ魔女カーニバル』のメロディで無理やりに前向きになるのです。

　患者の一人は「この病気になって時々思うことは、流れる音楽が明るいメロディなら、これもただのスープだけど、サスペンス調だと毒が入っているようにも見えてくる。できごとに良い悪いはなく、意味づけてしているのは人間で、それはメロディにたやすく引きずられる」と、映像作品における音楽の機能を指摘します。別の一人は「最初はただ音楽を止めたくてメロディに沿った行動をしているだけだった。でも、いつからか感情まで同調するようになってもう自分の意志がどうかわからない」と、自分が音楽にコントロールされている状況を打ち明けます。

　映像作品の中で音楽が利用される状況は、ドラマでの中ではごく自然なことですが、ひょっとしたら、私たちが日ごろ見ているドラマは、音楽に操られた人間の姿を見ているのではないだろうか？そんな疑問を抱かせる《世にも奇妙な物語》シリーズらしいブラックジョークのきいたシュールな作品です。

11-5

音楽を聴かせるための映像作品

歌と踊りをたっぷり楽しませてくれる音楽コンテンツ

　ミュージカルなど音楽を聴かせるための映像コンテンツは、当然ながら音楽を心おきなく堪能させてくれます。ミュージカルなどの形式をとっていなくても、音楽をたっぷり聴かせる展開の映像作品もあります。

▶▶ ミュージカル、オペラ、コンサートなどの映像作品

　ミュージカル、オペラ、コンサートなどの**音楽コンテンツ**も、多くの映像作品が提供されています。これらの作品は、音楽を聴かせるための作品と言ってもいいでしょう。もちろん、ミュージカル、オペラ、コンサートなどで、音楽を楽しむ場合には、視覚情報は自分の席からの視点でのみということになります。それに対して、映像作品では、カメラワークや編集を加えることで、多様な視覚情報とともに音楽を楽しむことができます。

　ミュージカルは、トーキー映画の利点を活かす素材として、古くから多くの作品が映画化され、オリジナルのミュージカル映画も制作されるようになりました。歌を聴かせ、ダンスを見せる演出は、ミュージカルの特徴ですが、映画の中では、舞台とは違い、物語の世界を余すことなく再現した世界の中でパフォーマンスを表現することができます。また、アニメーションという表現手段の活用も、映像作品ならではです。ただし、作品によっては、劇場でのミュージカルと比較され、映像化の意義を問われるような批評をうけることもあります。

　ミュージカル映画は、映像コンテンツとして広く受け入れられ、多くの人気作品を生み出しました。《オズの魔法使い（1939年）》から『虹の彼方に』、《マイ・フェア・レディ（1964年）》から『踊り明かそう』、《アナと雪の女王（2013年）》から『Let It Go』のように、ミュージカル映画から広く親しまれるようになった名曲もたくさんあります。

▶▶ ミュージカルでもないのに音楽をたっぷり聴かせてくれる映像作品

　さらにミュージカルのような形式はとっているわけでもなく、（明示的には）音楽をテーマにした物語でもないのに、音楽をたっぷり聴かせてくれる映像作品も多くあります。《天使にラブソングを（1992年)》は、ラスベガスで歌っていた歌手の主人公が、ギャングの殺人事件の目撃者になり、ギャングから狙われたため、警察が修道院に潜伏させるというドラマです。そんなドラマの中で、ひょんなことからかくまわれた修道院で、主人公の歌手が聖歌隊（**図11-9**）の指導をすることになります。そして、下手くそな聖歌隊を鍛え上げるだけでなく、聖歌をゴスペルやロック風にアレンジし、派手なパフォーマンスを繰り広げて、聖歌隊が町中の人気者になるというストーリーに展開します。そのドラマの中で、聖歌隊は『Hail Holy Queen』『My God』『I Will Follow Him』など多くの曲を聴かせてくれます。なお、《天使にラブソングを》は、後にミュージカルとして舞台化されるという、「ミュージカル→ミュージカル映画」という一般的な展開とは逆の展開をしました。アニメーション作品の中にも、《リメンバー・ミー（2017年)》のように、ミュージカル作品とはうたってはいないものの、たっぷりと歌を楽しませてくれる作品もあります。

《天使にラブソングを》に出てくる聖歌隊（11-9）

たっぷりとコーラスを聴かせてくれる

　また、**インド映画**にも、ミュージカル映画とはうたっていないものの、歌や踊りの要素を入れることがお約束のような作品が多くあります。《ムトゥ　踊るマハラジャ（1995年）》でも、突然、歌と踊りのシーンが始まり、衣装や背景を変えながら、長々とダンスシーンが続くといった場面があります。

COLUMN

《マイケル・ジャクソン　THIS　IS　IT（2009年）》

　《マイケル・ジャクソン　THIS　IS　IT（2009年）》は、2009年6月25日のマイケル・ジャクソンの急死を受けて、7月から公演を予定していたロンドン公演のリハーサル映像を基に制作されたドキュメンタリ映画です。スーパースターの急死という不幸な出来事でのあと、残された貴重な映像を音楽コンテンツとして公開してくれたおかげで、彼の歌やダンスを楽しむことができます。マイケルはイヤホンでモニタしながら歌うことに慣れていなかったようで、そのことを愚痴るような様子だとか、マイケルがバックバンドの女性ギタリスト・オリアンティにギター・ソロについての指示を与えている様子だとか、リハーサルならではの風景も楽しめるような作品です。

トムとジェリーも仲良く音楽でケンカする

　トムとジェリーの《ピアノ・コンサート（1947年）》も、音楽での遊びをそのまま作品化したものです。トムはコンサートでピアノを弾くのですが、ジェリーはそのピアノに中で寝ています。しかし、演奏が始まると、ピアノのハンマーが動いてジェリーは振り落とされて、起こされてしまいます。ここから、ジェリーのいたずらとそれに対するトムの反撃というお決まりのパターンが繰り返されます。そんな二人のバトルですが、この回では、鍵盤の上を動き回るジェリーを叩こうとするトムの指の動きで演奏が行われたり、ジェリーがハンマーを取り外して直接ピアノ弦を叩いて演奏するのに合わせてトムが鍵盤で演奏したりと音楽で遊ぶような場面がちりばめられています。

　ただ、ちょっと気になるのは、このアニメではピアノのハンマーが上から弦を叩いていることです。普通は、ハンマーは弦を下から叩き、弦の上には弦の振動を止めるダンパーが乗かっているのです。鍵盤を押すことによって、ハンマーは動きます。そして、ハンマーが弦を叩くときにダンパーが上がり、弦が振動する仕組みになっているのです。しかし、真実に合わせてそんなふうにしてしまうと、おもしろい動きが描きにくくなるので、上から叩くハンマーのピアノにしたのでしょう。

第12章

音楽づくりは監督と作曲家の共同作業

　映像作品の音楽は、音楽作品としての完成度を目指すものではありません。映像と組み合わせたときに、どれだけ映像作品として完成度を高められるかが重要視されます。監督は音楽としての完成度は求めません。しかし、作曲家はどうしても音楽としての作品にこだわりがちです。場合によっては、両者の意見が合わないこともあります。映像作品における音楽は、そんな複雑な状況の中で作られているのです。

　ドラマの場合は、やはり映像が主で、音楽は従の位置づけですから、劇伴音楽は「従」の立場に甘んじなければなりません。作曲家でありながら、音の自己主張を抑制するという立場に不満を抱かざるをえないでしょう。しかし、中には、逆にそういった共同作業をプラスに捉えている作曲家も存在します。

映像作品における作曲家の役割

音楽で映像作品を完成させる

作曲家は、映像の時間と音楽の時間という折り合わない時間をなんとか調整して、監督の意図に応じて楽曲を制作します。時には監督とのコミュニケーションに悩みながらも、最良の作品を生みだすのです。

▶▶ 映像作品の音楽は音楽作品か？

音楽は時間の芸術といわれるように、時間とともに展開する作品です。音楽でなんらかのムードを醸し出すためには、それなりの時間経過を必要とします。監督に「情緒あふれるように」とか言われても、該当するシーンに十分な時間がない場合には、音楽的に十分な表現ができないこともあります。本来、映像の時間と音楽の時間という折り合わない時間をなんとか調整して、監督の意図を反映させるのが作曲家の役割なのです。

映像作品の音楽が**サウンドトラック**としてその音楽のみが作品として市販されていますが、実際の作品の中では作品として成立している必要はありません。ピアノが一音ポーンとなったとしても、音楽作品とは認めてもらえないでしょう。しかし、そんな一音でも映像と組み合わせると、フルオーケストラの演奏よりも雄弁にストーリーを語ることもあります。

映像作品の音楽は、音楽作品としての完成度を目指すものではありません。映像と組み合わせたときに、どれだけ映像作品として完成度を高められるかが最も重要視されます。映像をより印象的にする役割を果たしつつも、音楽が鳴っていることが気づかれないような音楽が最適だという意見もあります。映像作品に付加される音楽は、映像表現と一体となって作品を作りあげる存在なのです。

それでも、作曲家はどうしても作品としての音楽にこだわりがちです。監督は、音楽作品としての完成度は求めません。場合によっては、両者の意見が合わないこともあります。映像作品における音楽は、そんな複雑な状況の中で作られているのです。

▶▶ 監督の要請を作曲家はどう受け止めるか

　映像作品に合わせたオリジナルの音楽制作を行う場合、音楽づくりは、作曲家と監督を中心とした共同作業になります。**選曲家**とか**ミュージック・エディタ**とか言われるスタッフが作業に加わることもあります。特に、作曲の段階では、監督がそれぞれのシーンに対して音楽のイメージを語ります。作曲家は、監督の言葉から、監督の意図を理解しなければなりません。すでに頭の中に具体的な音楽のイメージを持った監督もいれば、それほど具体的なイメージを持っていない監督もいます。具体的なイメージを持った監督にしても、それを作曲家に伝えることは難しいものです。すでに両者が阿吽（あうん）の呼吸を形成するほどの関係を築いている場合はいいのですが、初対面だったりしたら、伝えられるユニークな言語表現に面食らってしまうこともあります。《夢（1990年）》という作品で音楽を担当した作曲家の池辺晋一郎（図12-1）は、黒澤明監督からラストシーン用に「いつの時代のどこの歌ともつかぬものを作れ」と言われて、頭を抱えてしまったと語っています。

池辺晋一郎（12-1）

　既成曲でイメージを伝える監督もいます。ここはBeethoven風にとかその次のシーンはジャズのスイング感を前面にだしてとかの指示であったり、中には曲名を

伝えてきたり、具体的なフレーズまで指定する場合もあります。具体的なフレーズを持ち出す場合、監督の頭の中では、そのシーンの音楽が具体化しているのです。作曲家には、そのイメージが明確に伝わりはするのですが、そうなってくるいと「それなら既成曲でいいんじゃねぇ？」となってしまいます。監督のイメージを大事にしつつ、どうオリジナリティを発揮するのかが作曲家の腕の見せどころとなります。

　監督が音楽家である場合や音楽をたしなむ場合には、みずからが作曲する場合もあります。そんな場合は、監督のイメージどおりの曲が作れるわけです。ただし、そんな場合でも、だいたいは、編曲は別の人に頼むことになります。曲作りがある程度できる監督はそんなに珍しくはありませんが、オーケストレーションまでこなす監督はそういません。

　音楽のことは作曲家にほぼまかせきりという監督もいます。《戦場のメリークリスマス（1983年）》で監督を務めた大島渚監督は、陸軍大尉役で出演もしていた坂本龍一（図12-2）に音楽を担当させますが、ほぼおまかせの状態でした。坂本は大島監督について「音楽について細かく指示するようことはなく、時間も十分にもらい、自由にやらせてもらった」と述べています。

坂本龍一（12-2）

IWJ主催シンポジウムで演説中の坂本龍一氏

▶▶ 監督と作曲家の共同作業としての作曲前の準備

　映像作品に付加される音楽は、作品の最初から最後まで続くわけではありません。どこかのシーンで始まってどこかのシーンで終わります。そんな音楽が、作品中の複数の箇所に挿入されるわけです。作品中のどの場面で音楽を使い、どの場面で音楽を使わないのか、それを決める作業が作曲の仕事の一部です。通常**スポッティング**と呼ばれる工程です。そして、何をキッカケにして音楽を開始し、音楽を終えるのかを決めていくわけです。台詞、行動あるいは行動に対するリアクション、映像の切り替えなどが音楽を入れるあるいは終える**キッカケ**になります。音楽の開始、終了も、印象的に入ったり、終了するシーンもあれば、何となく音楽が始まり、何となく終了したりするシーンもあります。音楽開始部には、イントロ的なものを入れる場合もあれば、いきなりメインのメロディを聴かせる場合もあります。

　また、音楽を入れる場合には、その音楽に担わせる意図や意味についても考えておく必要があります。音楽を入れる場面の状況を表現するのか、登場人物の心情を表すのか、場面と場面の**つなぎ**の役割を果たすのか、物語にテンポ感を与えるのかなどを決めておくことも必要です。また、登場人物（人間とは限らないのですが）のキャラクタや登場人物間の関係性、ドラマの時代背景や地域性などを音楽で表現する必要のある場合には、その意図も楽曲に反映する必要があります。さらに、テーマ曲（あるいはライトモチーフ）を使うのか、使うならどこで使うのかも決めておかなければなりません。

　また、音楽を使う場面で、台詞や環境音と音楽のバランスも考慮しておく必要があります。最終的には整音の作業で調整するわけですが、台詞や環境音の背景として音楽を鳴らす場合と音楽が前面に出て音楽を聴かせる場面では、作る曲自体を変える必要もあります。使う楽器への配慮も必要です。さらに、映像の世界に存在しない**non-diegetic**な**劇伴音楽**として作曲するのか、映像の世界の中で鳴る**diegetic**な劇中音楽として作曲するのかも考慮しなければなりません。

　こういったことを事前に明らかにした上で、作曲家は楽曲を作っていくわけです。しかし、映像の方で変更が生ずる場合には、その変更に応じて曲も変更する必要がでてきます。また、先に入れた台詞、環境音、効果音がそれだけで十分物語を構成していると判断された場合には、音楽は必要とされなくなることもあります。

さらに、作った曲が監督の意図にそぐわなければ、作り直す必要もでてきます。

▶▶ 監督と作曲家が対立することも作った曲が使われないこともある

　映像作品における音楽づくりは、作曲家と監督を中心とした共同作業になるので、作曲家と監督がうまくいっているときはいいのですが、時には意見があわず対立してしまうこともあります。《めまい（1958年）》《北北西に進路を取れ（1959年）》等のヒッチコック監督の映画に数々の名曲を提供したバーナード・ハーマンは、《引き裂かれたカーテン（1966年）》のために作曲した音楽の出来映えを巡ってヒッチコックと対立し、それ以降ヒッチコックの映画音楽を担当することはありませんでした。

　《銀嶺の果て（1947年）》は谷口千吉監督の初めての監督作品なのですが、やはりこの作品で初めて映画音楽を任された伊福部昭（**図12-3**）と対立してしまいます。銀行強盗を描いた映画の唯一の楽しい場面として挿入された「北アルプスにいい天気がおとずれてスキーを楽しむ場面」で、谷口千吉は『スケーターズ・ワルツ』のような明るい音楽を想定していたのですが、伊福部昭はイングリッシュホルン一本のみで奏でる悲しげなメロディを作ってきたのです。伊福部は「雄大な山の自然に触れて、次第に人間らしい心を取り戻してゆく。その過程を描くには山が持つ神秘性を強調しなければならない。もの悲しいイングリッシュホルンのメロディにその意図を託した」のです。谷口監督はこの曲が気に入らず、伊福部と数時間議論を続けたといいます。このとき仲裁をしたのがこの作品で脚本を担当していた黒澤明でした。黒澤の仲裁もあってその曲はそのまま採用されました。この作品により伊福部昭は映画音楽の作曲家としてその能力が認められ、《ゴジラ》シリーズなど多くの映画作品に関わることとなります。

　《銀嶺の果て》では仲裁にあたった黒澤明のおかげで伊福部昭の作った作品が採用されましたが、やはり多くの場合、気に入らなければ監督が作り直しを作曲家に命じます。普通は、作曲家がそれに従います。さらには、何曲も作曲させておきながら、最終段階でいくつかの場面で音楽を入れないことに変更し、採用されない曲が出てくるといったこともあります。採用されない可能性に対する覚悟がないと映画音楽の作曲はできません。

第
12
章

音楽づくりは監督と作曲家の共同作業

伊福部昭（12-3）

COLUMN　緊急地震速報に潜む伊福部昭の音

　地震の発生を予測する「チャラン　チャラン」のチャイムは、だれもが一度は聞いたことがあるでしょう。このチャイムは、NHKの依頼で伊福部達東京大名誉教授が、叔父である伊福部昭作『シンフォニア・タプカーラ』の第3楽章冒頭に出てくる和音を素材にして制作されたものです。その和音を活かして制作された緊急地震速報のチャイムは、Cの属7和音（ドミソシ♭）にレ♯を加えた分散和音（シー・セブン・シャープ・ナインス）になっています。レ♯の音の付加により、強い緊張感を生み出す響きになるのです。緊急地震速報ではこの和音がもう1回繰り返されるのですが、2回目は全体的に半音上げて、より耳につきやすいように工夫されています。

12-2

映像作品の音楽の作曲家の
生きがいとめざすところ

純音楽と映画音楽のはざまで苦悩する音楽家

作曲家を志す人にとって、映像の業界は収入を得る機会を与えてきました。映像作品の作曲家として名声を得た作曲家も多くいます。映像作品の音楽で収入を得つつも、純音楽の分野の成功を目指す作曲家もいます。

▶▶ 作曲家を目指す人にとって映画音楽は絶好の収入源（テレビやゲームも）

映画音楽の作曲家として活躍している人たちは、必ずしも映画音楽の作曲家をめざしていたわけではありません。もちろん、大半は作曲家を目指していた人たちです。中には、もともと演奏家を目指していたり、実際に演奏家だったりした人もいます。

作曲家を目指す人達にとって、作曲家として成功することはそう簡単ではありません。特に、クラシックのジャンルでは、純粋に作曲家として生活していける人はごくわずかです。

映画というジャンルは、作曲家に新しい仕事の機会を提供してきました。特に、トーキー映画の時代以降は、映画は多くの作曲家に多大な報酬と後世に名を残す栄誉を与える存在にもなりました。また、作曲家にとっても、映画音楽の仕事は、いろんな新しい試みをするまたとない機会でもありました。予算的なサポートもあり、新しい楽器を使ったり、高価な録音機材を駆使したりして、実験的な試みも行われました。

特に、普通の音楽会では多くの聴衆の動員を期待できない現代音楽の作曲家にとっては、映画音楽は音楽の仕事で生活の糧を得る絶好の収入源です。その収入で生活資金を確保しつつ、自分の追求する音楽芸術の創作にいそしむわけです。珍しい楽器の導入や音楽的冒険も、映画の世界では受け入れてもらえます。

映画産業が斜陽化して以降は、作曲家の収入源はテレビ産業に移ります。テレビ産業もかげりが見え始めると、テレビ・ゲーム産業が大きな収入源となっていま

す。2021年9月に作曲家の「すぎやまこういち」が死去されたニュースが報じられました。すぎやまこういちは、グループ・サウンズ全盛期にタイガースなどの多くのヒット曲を手掛けた作曲家ですが、多くのニュースはテレビ・ゲームの『ドラゴンクエスト』シリーズの作曲家として報じていました。テレビ・ゲームの音楽も、名声を得るジャンルとなってきたことのあかしです。

▶▶ 売れっ子の映画音楽作曲家には純音楽の創作とのジレンマも

　名声を得た映画音楽の作曲家になると、監督や映画会社の信頼もでき、多くの作品の依頼が来ます。そんな売れっ子の作曲家は、もちろん優れた作曲家ですから、純粋な音楽芸術の創造にも意欲的です。作曲家として名を残したいと考えるのは当然です。映画音楽が市民権を得るようなってからは、純粋な音楽芸術の作品を**純音楽**という奇妙な言葉を使って区別するようになりました。実際に、映画音楽で名声を得た伊福部昭や武満徹は、純音楽の世界でも多くのすぐれた作品を残しています。

　多くの映画音楽作曲家は、純音楽の世界でも、いい作品を残したいのです。ところが、映画音楽作曲家として名声を得ると、次々と仕事が舞い込んで、純音楽の制作に十分な時間をとることが難しくなり、両者に対する精力のバランスに苦慮することもあります。

▶▶ 早坂文雄の早すぎる死

　映画音楽の作曲家として高い評価を得ている早坂文雄（図12-4）は、黒澤明監督のもと、《酔いどれ天使》《羅生門（1950年）》《生きる（1952年）》など、優れた作品を生み出しました。黒澤明監督には、映画音楽に対する考えも共通するものがあり、映画音楽作曲家として重用されていました。2人は互いを認め合う関係でした。もちろん、早坂文雄は、純音楽の世界でも優れた作品を創作しつづける存在でもありました。しかし、病のため41歳の若さで逝去した早坂にとって、その人生は両方の世界で十分な成果を残すには短すぎました。

早坂文雄（12-4）

　早坂文雄の葬儀は、黒澤明が葬儀委員長を務め、映画業界の仕切りで次第が進められ、出棺のおりには《七人の侍（1954年）》（もちろん監督は黒澤明）の『侍のテーマ』が流されました。まるで映画のワンシーンのようです。しかし、この演出には純音楽の側からのクレームがありました。葬儀のあとの酒の席で、「なぜ《七人の侍》なんだ。もっと代表的な作品（純音楽）があるじゃないか？」とか、「早坂は映画会社に殺されたんだ」とまでいう作曲家もいたそうです。早坂をよく知る作曲家が彼にもっと純音楽の分野で作品を残して欲しかったとのくやしさが映画会社側への厳しい非難になったのでしょう。

▶▶ 作曲家のヒエラルキー

　早坂文雄の葬儀における音楽関係者の映画会社側への非難の背景には、音楽関係者が「純音楽」を至上とする彼らが持つ音楽ジャンルに対するヒエラルキー観が垣間見えます。特に、「クラシック」と呼ばれる分野の音楽関係者において、その傾向が強いようです。彼らにとって純音楽は、当然クラシック音楽の分野の音楽で、大衆音楽より高尚なものであり、もちろん映画やテレビドラマの劇伴音楽よりも価値のあるものという位置づけなのです。

　ただし、多くの作曲家は純音楽だけでは十分な収入を得ることはできませんから、生活の糧を得るために、映画やテレビドラマの劇伴音楽、**ゲーム音楽**、さらには**CMの音楽**などの仕事をこなします。あるいは、鉄道駅の発車メロディや公共空間のBGMなどの**音環境デザイン**系の仕事に従事する作曲家もいます。こういった音楽の機能を活かす仕事に生きがいを見つけ、その仕事に一生を捧げるといったタイプの作曲家もたくさんおられます。しかし、そういった仕事はあくまでも生活のためにやむをえなくこなしているのであって、自分はあくまでも純音楽の作曲家なのだというタイプの作曲家もおられます。そこまで極端ではないにしろ、純音楽の夢をあきらめていない作曲家も結構おられるようです。

　さらに、映画やテレビの劇伴の場合、どうしても監督を頂点とする多くのスタッフや映像という別のメディアとの共同作業であるため、作曲家は自分の思惑通りにならないというジレンマを抱えています。ドラマ作品の場合は、やはり映像が「主」で、音楽は「従」の位置づけですから、劇伴音楽は「従」の立場に甘んじなければなりません。作曲家でありながら、音楽の自己主張を抑制するという立場に不満を抱かざるをえないでしょう。

　しかし、中には、逆にそういった共同作業をプラスに捉えている作曲家もおられます。純音楽の分野でも映画音楽の分野でもすぐれた作品をたくさん残した武満徹（図12-5）は、「純音楽の制作作業は孤独な密室での作業だが、映画はチームワークである点に面白さを感じていた」といいます。武満は「いい監督と仕事をした時はその監督によって自分の未知の部分、自分の可能性といったものを引き出してもらうことがある」と述べ、自分の新しい面をみつけることを楽しみに映画音楽の仕事を引き受けていました。

武満徹（12-5）

▶▶ 映画音楽の作曲家の言葉

　《すばらしき映画音楽たち（2016年）》は、映画音楽を題材とするドキュメンタリ映画ですが（図12-6）、多くの著名な映画音楽の作曲家が自ら映画音楽について語っています。彼らは、映画音楽について、「音楽次第で映画のメッセージが変わったり、破壊されかねない」「音楽は狙い通りの反応を引き出す感情の潤滑油だ」「音楽は映像では伝えられない感情に訴える」「意識していなくても映画の印象は音楽に左右されている」「音楽がだめならどんな映画も台無しだ」などと、述べています。いずれも映像の中でも**音楽の役割**について述べた含蓄のある言葉です。

COLUMN
映画音楽で純音楽での評価を落としたコンコルド

　映画音楽の3大巨匠の一人エーリヒ・ヴォルフガング・コンコルドはチェコ共和国のブルノの出身で、ヨーロッパで純音楽の作曲家として活躍していました。ちょうど、ナチス・ドイツが台頭してきた時期でした。ユダヤの血を引くコルンゴルトはナチスに迫害されることを恐れ、アメリカに渡ります。そして、映画音楽の作曲家として数々の名曲を生み出しました。アカデミー作曲賞も受賞しています。しかし、映画音楽の仕事をするようになると、とたんに純音楽の分野では評価されなくなりました。コンコルドは第2次世界大戦後に再び純音楽の分野に戻りますが、彼が再び評価されるのは彼の死後何年か経ってからでした。

《すばらしき映画音楽たち》（12-6）

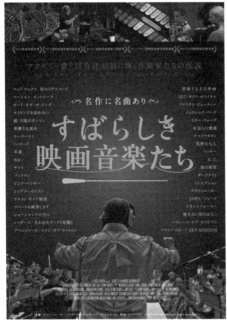

著名な映画音楽作曲家
が映画音楽について語る

《すばらしき映画音楽たち》

　作曲家たちは、映像作品としての質を高めるために、いろんなアプローチに挑戦しています。映画の時代変遷とともに、組み合わせる音楽も変化しています。新しいジャンルの音楽に挑戦したり、ユニークな楽器を取り入れたり、楽曲に合ったレコーディング・スタジオを求めたりと、苦労をいといません。

　作曲家は、同時に、さまざまな不安や悩みを抱えながら創作活動を行っています。《ライオン・キング（1994年）》《グラディエーター（2000年）》《ダークナイト（2008年）》などを担当したハンス・ジマーは、「面白い作品があるぞと誘われ、アイデアを聞いたときには私は有頂天になる。でも、みんなが帰ると一人で青ざめるんだ。どうすればいいか分からない。その後、電話で断りたくなる。楽譜は真っ白なままで発想は都合よく生まれない。だから常に恐怖心と戦っている」と**作曲家の苦悩**を赤裸々に語っています。ただし、同時に、彼は「それでもこの

仕事を愛している。辞める気はないよ」と、映画音楽の作曲家としての覚悟を述べています。後世に残る名作に関わることもできる映画音楽の作曲家というのは、それだけやりがいのある仕事なのです。

　自分が楽曲を提供した映画に対する観客の反応をチェックするために、こっそりと映画館を訪れる作曲家もいます。映画を見終わったら、トイレの個室にこもります。そこで、テーマ曲の鼻歌や口笛が聞こえたら、それは音楽が観客の潜在意識に届いた証拠です。そんな状況に出くわしたら、作曲家は心からほっとするそうです。それまでの苦労が報われた瞬間です。

　この作品では、作曲家だけではなく、スタジオ・ミュージシャン、映画音楽プロデューサー、映画音楽史研究者なども登場しますが、映画音楽の心理的影響について研究を行っているシウラウ・タン博士（カラマズー大学教授）も登場しています。彼女は、科学的な立場から「映画で観客の目線を誘導する方法の一つが画面上の特定の動きに音楽をマッチさせること」等の科学的な見解を述べるとともに、「映画音楽の作曲家は特別な感性を持っている。それと作品が組み合わさることで、映画音楽にパワフルで不思議な力が与えられるの。だからこそ科学でははかりきれないのね」と科学的アプローチの限界を認めつつ、映画音楽の作曲家への畏敬の言葉で結んでいます。

COLUMN 《羅生門（1950年）》のボレロ

　黒澤明監督の《羅生門》は1951年ベネチア映画祭でグランプリを獲得し、国際的に高い評価を得ることができた作品です。この作品で黒澤監督は世界的な名声を得ました。そんな中、《羅生門》の音楽のある部分が、ラベルの『ボレロ』と酷似していることが話題になりました。その理由は、黒澤監督が作曲家の早川文雄にラベルの『ボレロ』のレコードを渡して、「これで《羅生門》の音楽を書け」と注文したからでした。実際に制作された曲は、黒澤監督の意向どおり、スペイン舞曲の一形式である3拍子の独特のリズムを有するボレロの形式に則り、単純なメロディをしつこく繰り返すものでした。ラベルの『ボレロ』と酷似するのは無理もないことでした。

―エンドロール―

　1885年にリュミエール兄弟が発明したシネマトグラフ以来、映像メディアの発展は目覚ましいものでした。映像技術は飛躍的に向上し、映像コンテンツも多様になりました。それに伴い、音響技術の方も飛躍的に進歩し、音楽、効果音の活用方法も多様になり、精緻なサウンドデザインが行われるようになってきました。いずれの映像メディアにおいても、映像メディアは映像だけでは成立しません。必ず音を必要とします。音は映像表現を補完し、強調する存在であり、映像メディアが発展しても、音の重要性は変わることはありません。また、音が映像のリアリティを作り出す存在であることも、一貫しています。

　本書では、映像作品の中の音に着目し、映像作品における台詞、環境音、効果音、音楽などの役割について、さまざまなケースを具体的に解説してきました。台詞においても音の演出が行われ、エフェクタなどを利用して非日常感を作りだすこともあります。環境音は、ただその場に存在する音であるだけでなく、画面の中に表現できない世界の情報を伝え、時にはストーリーの中で重要な役割を演ずる存在でもあります。効果音は、映像の世界に存在しない音ではありますが、場面の状況を語り、登場人物の心情を表現し、動きにリアリティを生み出す存在です。音楽の役割は多岐にわたります。音楽は場面の状況や登場人物の心情を表現し、ストーリーにテンポを与え、観客の心を揺さぶります。音楽は基本的には映像に寄りそう存在でありますが、映像と対峙することもあります。

　本書により、映像作品における音の役割や効果に関して理解を深めていただけたのではないかと思います。今後は、ストーリーを追ったり、俳優の演技や映像表現を味わったりするだけではなく、映像作品の音にも注目(耳)して映像作品の鑑賞に臨んでいただきたいと思います。映像作品の中で耳にする環境音、効果音、音楽がどんな意味をもってそこで鳴っているのかを理解していただくと、より深い部分まで映像作品を楽しめると思います。ぜひとも音を聞く楽しみを味わってください。

　ただし、音に注目し過ぎると、音ばかりが気になって、作品を楽しめなくなってしまうので、注意が必要です。ほどほどにして、作品を楽しむことは忘れないようにされてください。そのうえで、音を楽しんでください。

参考文献

- 200CD映画音楽編纂委員会編, 映画音楽 スコア・サントラを聴く (立風書房, 1999)
- 秋山邦晴, 武満徹, シネ・ミュージック講座―映画音楽の100年を聴く (フィルムアート社1998)
- 紅谷愃一, 日本映画のサウンドデザイン (誠文堂新光社, 2011)
- 紅谷愃一, 音が語る、日本映画の黄金時代 (河出書房新社, 2022)
- カイエ・デュ・シネマ・ジャポン編, ミュージック+シネマ (勁草書房, 1996)
- ミシェル・シオン, 映画にとって音とはなにか (勁草書房, 1993)
- シド・フィールド, 映画を書くためにあなたがしなくてはならないこと (フィルムアート社, 2009)
- 橋本文雄, 上野昂志, ええ音やないか:橋本文雄・録音技師一代 (リトル・モア, 1996)
- 林土太郎, 映画録音技師ひとすじに生きて 大映京都六十年 (草思社, 2007)
- ハイパーボイス, すごい！アニメの音づくりの現場 (雷鳥社, 2007)
- 放送批評懇談会, 特集 テレビのサウンドパワー, GALAC (ぎゃらく) 10月号, 2022.
- 伊藤弘了, 仕事と人生に効く教養としての映画 (PHP研究所, 2021)
- 岩淵東洋男, 私の音響史 効果マンの記録 (社会思想社, 1981)
- 岩宮眞一郎, 音の生態学―音と人間のかかわり― (コロナ社, 2000)
- 岩宮眞一郎, 音のデザイン―感性に訴える音をつくる― (九州大学出版会, 2007)
- 岩宮眞一郎, 音楽と映像のマルチモーダル・コミュニケーション改訂版 (九州大学出版会, 2011)
- 岩宮眞一郎, 音楽の科学がよくわかる本 (秀和システム, 2012)
- 岩宮眞一郎, よくわかる最新音響の基本と仕組み第2版 (秀和システム, 2014)
- 岩宮眞一郎編著, 視聴覚融合の科学 (コロナ社, 2014)
- 岩宮眞一郎, 音のチカラ―感じる, 楽しむ, そして活かす― (コロナ社, 2018)
- 岩宮眞一郎, 音と音楽の科学 (技術評論社, 2020)
- 岩宮眞一郎, よくわかる最新音楽の仕組みと科学 (秀和システム, 2020)
- 木村哲人, 音を作る TV・映画の音の秘密 (筑摩書房, 1991)
- 茂木幹弘, 放送メディアと映画音楽 (泰流社, 1988)
- 小沼純一, 杉原賢彦, 二本木かおり編著, サウンド派映画の聴き方 (フィルムアート社, 1999)
- 栗原詩子, 物語らないアニメーション ノーマン・マクラレンの不思議な世界 (春風社, 2016)

・栗山和樹, 映画音楽の技法 (音楽之友社, 2022)

・桑野園子編著, 音環境デザイン (コロナ社, 2007)

・難波精一郎編著, 音と時間 (コロナ社, 2015)

・Ben Newhouse, Creative Strategies in Film Scoring (Berklee Press, 2020)

・野本由紀夫, 稲崎舞, 松村洋一郎, クラシックの名曲解剖 (ナツメ社, 2009)

・小栗康平, NHK人間講座 映画を見る眼 映画の文体を考える (日本放送協会出版会, 2003)

・大串健吾, 桑野園子, 難波精一郎監修, 音楽知覚認知ハンドブック—音楽の不思議の解明に挑む科学 —(北大路書房, 2020)

・大野茂, 2時間ドラマ40年の軌跡増補版 (東京ニュース通信社, 2021)

・相良侑亮編, 伊福部昭の宇宙 (音楽之友社, 1992)

・西村雄一郎, 黒澤明 音と映像 (立風書房, 1998)

・西村雄一郎, 黒澤明と早坂文雄 風のように侍は (筑摩書房, 2005)

・佐近田展康, 映画における音の空間--聴覚的空間性の技術的操作とその機能, 名古屋学芸大学メディア造形学部研究紀要, 8巻, 23-36, 2015.

・佐近田展康, 映画における《音》の機能分類, 名古屋学芸大学メディア造形学部研究紀要, 10巻, 7-20, 2017.

・塩田明彦, 映画術 その演出はなぜ心をつかむのか (イースト・プレス, 2014)

・デイヴィッド・ゾンネンシャイン, Sound Design 映画を響かせる「音」のつくり方 単行本 (フィルムアート社, 2015)

・谷口昭弘, ディズニー・ミュージック ディズニー映画 音楽の秘密 (スタイルノート, 2016)

・筒井信介, ゴジラ音楽と緊急地震速報 (ヤマハミュージックメディア, 2011)

・TVサントラ大作戦, レコード・コレクターズ, Vol.15, No.7, 1996.

・大和定次, 音作り半世紀 ラジオ・テレビの音響効果 (春秋社, 2001)

＊その他, 映像作品, 音楽作品等の正式タイトル, 制作年, 登場人物の名称, エピソードなどの確認のために, 各所のウエブサイトを活用させていただきました。また, さまざまなテレビ番組やドキュメンタリ映画などで語られたエピソードなども, 参考にさせていただきました。

索 引

INDEX

英数字

acousmatic ・・・・・・・・・・・・・・・・・ 14
acousmatique ・・・・・・・・・・・・・・・ 14
BGM ・・・・・・・・・・・・・・・・・・・・・ 104
Cinematographe・・・・・・・・・・・・・ 15
CM ・・・・・・・・・・・・・・・・・・・・・・・ 53
CMの音楽・・・・・・・・・・・・・・・・・ 249
dB・・・・・・・・・・・・・・・・・・・・・・・・ 61
diegetic ・・・・・・・・・・・・・・・・・・ 243
diegetic music ・・・・・・・・・・・・ 188
diegetic sound ・・・・ 13、61、188
DTM・・・・・・・・・・・・・・・・・・・・・ 100
film scoring・・・・・・・・・・・・・・・ 113
foley artist ・・・・・・・・・・・・・・・・ 31
Hz ・・・・・・・・・・・・・・・・・・・・・・・ 71
IMAX ・・・・・・・・・・・・・・・・・・・・ 55
Kinetoscope・・・・・・・・・・・・・・・ 17
Leitmotiv ・・・・・・・・・・・・・・・・・ 27
MA ・・・・・・・・・・・・・・・・・・・・・・ 48
non-diegetic ・・・・・・・・・・・・・・ 243
non-diegetic sound ・・・・・・・・・・ 13
NTSC ・・・・・・・・・・・・・・・・・・・・ 39
offscreenの音 ・・・・・・・・・・ 13、61
onscreenの音・・・・・・・・・・・ 13、61
PAL ・・・・・・・・・・・・・・・・・・・・・ 39
prescoring・・・・・・・・・・・・・・・・ 114
source music・・・・・・・・・・・・・・ 188
superimpose ・・・・・・・・・・・・・・ 54
telefeature ・・・・・・・・・・・・・・・ 42
THX ・・・・・・・・・・・・・・・・・・・・・ 55
3D ・・・・・・・・・・・・・・・・・・・・・・ 55
3等分の円モデル・・・・・・・・・・・・・ 14

4D ・・・・・・・・・・・・・・・・・・・・・・ 55
5.1チャンネル・サラウンド・・・・・・ 39

あ行

アコースマティック・・・・・・・・・・・・ 14
アニメーション・・・・・・・・・・・ 58、84
アフレコ・・・・・・・・・・・・・・・・・・・ 28
アメリカン・ニューシネマ・・・・・・ 148
あるあるエピソード・・・・・・・・・・・ 216
アレンジ・・・・・・・・・・・・・・ 27、177
アンダースコア・・・・・・・・・・・・・・ 27
イコライザ・・・・・・・・・・・・・・ 98、98
イデー・フィクス・・・・・・・・・・・・ 169
イメージ音・・・・・・・・・・・・・・ 84、88
印象操作・・・・・・・・・・・・・・・・・ 138
インド映画・・・・・・・・・・・・・・・・ 237
ヴァイタフォン方式・・・・・・・・・・・ 21
映画の黄金時代・・・・・・・・・・・・・・ 42
映像コンテンツ・・・・・・・・・・ 12、38
映像作品・・・・・・・・・・・・・・・・・・ 12
映像と音楽のシンクロ・・・・・・・・・・ 27
映像のムード・・・・・・・・・・・・・・ 140
映像メディア・・・・・・・・・・・・ 12、38
エコー・・・・・・・・・・・・・・・・・・・ 65
エフェクタ・・・・・・・・・・・・・・・・・ 98
演出的環境音・・・・・・・・・・・・・・・ 65
エンディング・・・・・・・・・・・・・・ 173
エンドロール・・・・・・・・・・・・・・ 173
オープニング・・・・・・・・・・・・・・ 173
オスティナート・・・・・・・・・・・・・ 138
音環境デザイン・・・・・・・・・・・・・ 249
音で物語を終える・・・・・・・・・・・・ 66

音と映像の同期・・・・・・・・・111、126
音と映像のムードの一致・・・・・・・141
音と画の対位法・・・・・・・・・・・・・146
音の演出・・・・・・・・・・・・・・・・・・35
音の切断・・・・・・・・・・・・・・・・・・81
音のデザイン・・・・・・・・・・・・・・・64
音ロケ・・・・・・・・・・・・・・・・・・・・60
オフ（off）の音・・・・・・・・・・・・・13
オペラ・・・・・・・・・・・・・・・・・・・・39
面白コンテンツ・・・・・・・・・・・・・88
お笑いコンテンツ・・・・・・・・88、160
オン（on）の音・・・・・・・・・・・・・13
音楽・・・・・・・・・・・・・・・12、104
音楽が醸し出すムード・・・・・・・・・136
音楽家のすごさ・・・・・・・・・・・・・217
音楽家の成長・・・・・・・・・・・・・・223
音楽コンテンツ・・・・・・・・・・・・・235
音楽での遊び・・・・・・・・・・・・・・232
音楽と映像の対位法
・・・・・・・・・・・146、189、211
音楽と映像の調和感・・・・・・・・・・・110
音楽の機能的役割・・・・・・・・・・・105
音楽のムード・・・・・・・・・・・・・・140
音楽のムードで欺く手法・・・・・・・144
音楽の持つシンボリックな意味・・154
音楽の役割・・・・・・・・・・・・・・・250
音楽は時間の芸術・・・・・・・・・・・240
音楽療法・・・・・・・・・・・・・・・・・104
音楽をテーマ・・・・・・・・・・・・・・216
音響・・・・・・・・・・・・・・・・・・・・59
音響監督・・・・・・・・・・・・・・・・・33
音響効果・・・・・・・・・・・・・・31、73
音響デザイナー・・・・・・・・・・・・・31
音響プロデューサー・・・・・・・・・・・33

音響分析・・・・・・・・・・・・・・・・・・66
オンド・マルトノ・・・・・・・・・・・・149

か行

回想シーン・・・・・・・・・・・・・・・212
楽士・・・・・・・・・・・・・・・・・・・・17
仮現運動・・・・・・・・・・・・・・・・・15
カチンコ・・・・・・・・・・・・・・・・・31
環境音・・・・・・・・・・・・・・・12、58
カントリー・ミュージック・・・・・・204
擬音・・・・・・・・・・・・・・・・・・・・73
聴かせ場・・・・・・・・・・・・・・・・・217
既成曲・・・・・・・・・・・・・117、241
キッカケ・・・・・・・・・・・・・・・・・243
キネトスコープ・・・・・・・・・・・・・17
脚本・・・・・・・・・・・・・・・・・・・・63
教育番組・・・・・・・・・・・・・・・・・49
共鳴・・・・・・・・・・・・・・・・・・・138
教養番組・・・・・・・・・・・・・・39、49
切り替えパターン・・・・・・・・・・・・93
記録映画・・・・・・・・・・・・・・・・・39
クイズ番組・・・・・・・・・・・・・・・48
口パク・・・・・・・・・・・・・・・・・・134
クライマックス・・・・・・・・・・・・173
クラシック・・・・・・・・・・・・・・・108
グルメ番組・・・・・・・・・・・・・・・52
ゲーム音楽・・・・・・・・・・・・・・・249
劇場版・・・・・・・・・・・・・・・・・・43
劇中音楽・・・・・・・・・・・・・・・・188
劇中歌・・・・・・・・・・・・・188、203
劇と音楽の対位法的な処理・・・・・・145
劇伴音楽・・・・・・・・・・・・・・・・・243
健康番組・・・・・・・・・・・・・・・・・51
現代音楽・・・・・・・・・・・・・・・・・107

索引

効果音・・・・・・・・・・・・・・・・・・・・・ 12、84
効果音ライブラリ・・・・・・・・・・・・・・ 31
光学録音・・・・・・・・・・・・・・・・・・・・・ 97
効果マン・・・・・・・・・・・・・・・・・ 59、73
光線技・・・・・・・・・・・・・・・・・・・・・・ 77
誇張音・・・・・・・・・・・・・・・・・・・・・・ 88
国歌・・・・・・・・・・・・・・・・・・・・・・・ 165
固定楽想・・・・・・・・・・・・・・・・・・・ 169
コマーシャル・メッセージ・・・・・・・ 53
コンピュータ・・・・・・・・・・・・・・・ 100
コンピュータ・グラフィックス
・・・・・・・・・・・・・・・・・・・・・・・・・53、84

さ行

サイレント映画・・・・・・・・・・・・・・・ 17
サウンド・スペクトログラム・・・・・・ 68
サウンドデザイナー・・・・ 31、64、73
サウンドデザイン・・・・・・・・・・・・・・ 76
サウンドトラック・・・・・・・・ 22、240
サウンドレベルメータ・・・・・・・・・・ 61
作曲家の苦悩・・・・・・・・・・・・・・・ 251
サブスクリクション・・・・・・・・・・・・ 43
残響音・・・・・・・・・・・・・・・・・・・・・・ 65
サンプリング・・・・・・・・・・・・・・・・ 100
シアター・オルガン・・・・・・・・・・・・ 18
しずけさ・・・・・・・・・・・・・・・・・・・・ 80
実在の音楽家・・・・・・・・・・・・・・・ 228
実は生演奏・・・・・・・・・・・・・・・・・ 196
シネマトグラフ・・・・・・・・・・・・・・・ 15
ジャズ・・・・・・・・・・・・・・・・・・・・・ 108
周波数・・・・・・・・・・・・・・・・・・・・・・ 71
主題歌・・・・・・・・・・・・・・・・・・・・・ 168
純音楽・・・・・・・・・・・・・・・・・・・・・ 247
情報提供番組・・・・・・・・・・・・・・・・ 47

昭和歌謡・・・・・・・・・・・・・・・・・・・ 208
助手・・・・・・・・・・・・・・・・・・・・・・・ 28
序列・・・・・・・・・・・・・・・・・・・・・・・ 63
シンセサイザ・・・・・・・・・・・・・・・・ 100
スーパーインポーズ・・・・・・・・・・・・ 54
スクラッチノイズ・・・・・・・・・・・・ 205
スタッカート・・・・・・・・・・・・・・・ 137
ステレオ・・・・・・・・・・・・・・・・・・・・ 39
素の状態・・・・・・・・・・・・・・・ 36、81
スポッティング・・・・・・・・・・・・・・ 243
整音・・・・・・・・・・・・・・・・・・・・・・・ 34
正弦波・・・・・・・・・・・・・・・・・・・・・・ 71
台詞・・・・・・・・・・・・・・・・・・・・・・・ 12
選曲家・・・・・・・・・・・・・・・・・・・・・ 241
騒音計・・・・・・・・・・・・・・・・・・・・・・ 61
騒音レベル・・・・・・・・・・・・・・・・・・ 61
挿入歌・・・・・・・・・・・・・・・・・・・・・ 119
速度感・・・・・・・・・・・・・・・・・・・・・ 142
外の音・・・・・・・・・・・・・・・・・・・・・・ 13

た行

タイアップ・・・・・・・・・・・・・・・・・ 124
ダイナミックレンジ・・・・・・・・・・・・ 40
タイムスリップ・・・・・・・・ 121、207
ダジャレ・・・・・・・・・・・・・・・・・・・ 159
ダックウォーク・・・・・・・・・・・・・・ 209
旅番組・・・・・・・・・・・・・・・・・・・・・・ 51
ため録り・・・・・・・・・・・・・・・・・・・ 115
短調・・・・・・・・・・・・・・・・・・・・・・・ 136
地域紹介番組・・・・・・・・・・・・・・・・ 51
チャンネルをそのままに・・・・・・・・ 87
抽象音・・・・・・・・・・・・・・・・・・・・・・ 84
超指向性マイクロホン・・・・・・・・・・ 23
調性・・・・・・・・・・・・・・・・・・・・・・・ 136

長調・・・・・・・・・・・・・・・・・・・・・・・・・・・ 136
聴点・・・・・・・・・・・・・・・・・・・・・・・・・・・ 69
超臨場感・・・・・・・・・・・・・・・・・・・・・・・ 55
つなぎ・・・・・・・・・・ 25、173、243
ディレイ・・・・・・・・・・・・・・・・・・・・・・・ 98
テープレコーダ・・・・・・・・・・・・・・・・ 97
テーマ曲・・・・・・・・・・・・・ 112、168
テーマ曲の使いまわし・・・・・・・・ 181
デジタル技術・・・・・・・・・・・・・・・・・ 100
デシベル・・・・・・・・・・・・・・・・・・・・・・・ 61
デスクトップ・ミュージック・・・・ 100
テルミン・・・・・・・・・・・・・・・・・・・・・・ 149
テレビ映画・・・・・・・・・・・・・・・・・・・ 42
テレフィーチャー・・・・・・・・・・・・・・ 42
テロップ・・・・・・・・・・・・・・・・・・・・・・ 49
テロップ・パターン・・・・・・・・・・・ 91
テンポ・・・・・・・・・・・・・・・・・・・・・・・ 137
同期録音・・・・・・・・・・・・・・・・・・・・・ 21
投稿ビデオ・・・・・・・・・・・・・・・・・・・ 89
同時録音・・・・・・・・・・・・・・・・・・・・・ 28
トーキー映画・・・・・・・・・・・・・・・・・ 21
ドキュメント・・・・・・・・・・・・・・・・・ 50
トラウトニウム・・・・・・・・・・・・・・ 114
ドラマ・・・・・・・・・・・・・・・・・・・・・・・ 39

な行
中の音・・・・・・・・・・・・・・・・・・・・・・・ 13
ナマオト・・・・・・・・・・・・・・・ 31、73
生音・・・・・・・・・・・・・・・・・・・・・・・・・ 73
波ざる・・・・・・・・・・・・・・・・・・・・・・・ 95
ナレーション・・・・・・・・・・・・・・・・・ 12
ニュース・・・・・・・・・・・・・・・ 39、49
ヌーベルバーグ・・・・・・・・・・・・・・ 148

は行
バーシート・・・・・・・・・・・・・・・・・・ 126
バーチャル空間・・・・・・・・・・・・・・・ 90
背景音楽・・・・・・・・・・・・・・・・・・・・ 189
波形・・・・・・・・・・・・・・・・・・・・・・・・・ 71
パッケージメディア・・・・・・・・・・・ 39
発車メロディ・・・・・・・・・・・・・・・・ 104
発振器・・・・・・・・・・・・・・・・・・・・・・ 100
バラエティ番組・・・・・・・・・・ 39、45
パロディ・・・・・・・・・・・・・ 168、179
番宣・・・・・・・・・・・・・・・・・・・・・・・・ 115
美術系の番組・・・・・・・・・・・・・・・・・ 51
必殺技・・・・・・・・・・・・・・・・・・・・・・・ 46
ピッチと空間の上下方向の一致・・・・ 94
ピンマイク・・・・・・・・・・・・・・ 22、29
フィルタ・・・・・・・・・・・・・・・・・・・・・ 98
フォーリー・・・・・・・・・・・・・・ 31、73
吹き替え・・・・・・・・・・・・・・・・・・・・・ 30
フランジャー・・・・・・・・・・・・・・・・ 100
プレスコ・・・・・・・・・・・・・・・・・・・・ 114
プレスコアリング・・・・・・・・・・・・ 114
弁士・・・・・・・・・・・・・・・・・・・・・・・・・ 19
変身シーン・・・・・・・・・・・・・・・・・・・ 46
防災無線・・・・・・・・・・・・・・・・・・・・ 154
放送メディア・・・・・・・・・・・・・・・・・ 39
ホン・・・・・・・・・・・・・・・・・・・・・・・・・ 63

ま行
マイクブーム・・・・・・・・・・・・ 22、29
マスキング・・・・・・・・・・・・・・・・・・・ 16
マルチトラック・レコーディング・・ 98
ミキサー・・・・・・・・・・・・・・・・・・・・・ 28
ミキシング・コンソール・・・・・・ 34
ミッキーマウシング・・・・・・・・・・ 127

索引

ミニマル・ミュージック・・・・・・・ 138
ミュージカル・・・・・・・・・・・・・・・・・・ 39
ミュージック・エディタ・・・・・・・ 241
ミュージックビデオ・・・・・・・・・・・ 131
ムード強調音・・・・・・・・・・・・・・・・・ 84
無響室・・・・・・・・・・・・・・・・・・・・・・・ 81
無線遠視法・・・・・・・・・・・・・・・・・・ 38
メディアアート・・・・・・・・・・・・・・・ 133
モチーフ・・・・・・・・・・・・・・・・・・ 169
モノラル・・・・・・・・・・・・・・・・・・・ 39

や・ら行

予告的手法・・・・・・・・・・・・・・・・・ 143
ライトセーバー・・・・・・・・・・・・・・・ 78
ライトモチーフ・・・・・・・・・ 27、169
ライブ演奏・・・・・・・・・・・・・・・・・・ 39
リアリティ・・・・・・・・・・・・・・ 12、93
リップシンク・・・・・・・・・・・・・・・ 134
リバーブ・・・・・・・・・・・・・・・・・・・ 98
レガート・・・・・・・・・・・・・・・・・・・ 138
録音技師・・・・・・・・・・・・・・・・・・・ 28
ロック・・・・・・・・・・・・・・・・・・・ 108

著者プロフィール

岩宮 眞一郎（いわみや しんいちろう）

日本大学芸術学部特任教授（音楽学科情報音楽コース）、九州大学名誉教授

略歴

九州芸術工科大学専攻科修了、工学博士（東北大学）。

九州芸術工科大学芸術工学部音響設計学科助手、助教授を経て、教授。その後、九州大学との統合により九州大学芸術工学研究院教授、定年により退職。

専門領域は、音楽心理学、音響工学、音響心理学、音響生態学。

映像メディアにおける音の役割、音と映像の相互作用、音の主観評価、サウンドスケープ、聴能形成、音のデザイン等の研究・教育に従事。

「音のチカラ」を解き明かし、伝えていきたい。

主な著書

『音の生態学―音と人間のかかわり―』（コロナ社、2000）

『音のデザイン―感性に訴える音をつくる―』（九州大学出版会、2007）

『音楽と映像のマルチモーダル・コミュニケーション 改訂版』（九州大学出版会、2011）

『音のチカラ―感じる、楽しむ、そして活かす―』（コロナ社、2018）

『音と音楽の科学』（技術評論社、2020）

『よくわかる 最新 音楽の仕組みと科学』（秀和システム、2020）

図解入門 よくわかる
最新 映像サウンドデザインの基本

発行日	2023年 2月 5日	第1版第1刷

著　者　岩宮　眞一郎

発行者　斉藤　和邦
発行所　株式会社　秀和システム
　　　　〒135-0016
　　　　東京都江東区東陽2-4-2　新宮ビル2F
　　　　Tel 03-6264-3105（販売）　　Fax 03-6264-3094
印刷所　三松堂印刷株式会社　　　　　Printed in Japan

ISBN978-4-7980-6880-0 C0070